Rupert Rützel

DBV

Klaus Haarlammert

AUF WEIHNACHTEN VORBEREITEN

Ein Werkbuch für die Glaubensunterweisung

Don Bosco Verlag

CIP-Kurztitelaufnahme der Deutschen Bibliothek

Haarlammert, Klaus:
Auf Weihnachten vorbereiten: e. Werkbuch für
d. Glaubensunterweisung / Klaus Haarlammert. –
1. Aufl. – München: Don Bosco Verl., 1987
ISBN 3-7698-0584-4

Mitglied der »verlagsgruppe engagement«

1. Auflage 1987 / ISBN 3-7698-0584-4

Umschlagbild: Alter Holzschnitt
Satz und Druck: Druckerei Holzer, Weiler im Allgäu
Bindearbeiten: Oldenbourg, München

Inhalt

Vorwort

Weihnachten ist eigentlich ein recht zwiespältiges Fest – wenn man die Art und Weise, wie es in weiten Kreisen gefeiert wird, vergleicht mit dem, was es zutiefst bedeutet. Erschöpft sich das Weihnachtsfest nicht für viele in bloßer Erinnerung an längst vergangene Kindertage, ist es nicht für andere lediglich ein Datum teuerer Geschenke und aufwendiger Feiern oder zu einem reinen Kinderfest – mit dem süßen Duft nach Lebkuchen, dem Schein der Kerzen auf dem Tannenbaum – geworden?

Was haben wir aus jener kalten Nacht bei Betlehem gemacht, vor zweitausend Jahren, als eine hochschwangere Frau, überall abgewiesen, mit ihrem Mann gerade noch eine Höhle mitten auf einem Feld erreichte, um mit ihrem Kind niederzukommen? Wo bleibt die atemberaubende Botschaft dieses Ereignisses: daß dieses Kind Gottes Sohn ist und Gott in ihm unserem Leben so nahe kam, daß er ganz hineinstieg, das Leben, das Leiden, den Tod mit uns teilte? Gott – das ist jenes nackte Kind in der Unbehaustheit der kalten Höhle, weggewiesen von den Menschen. Klingen hier nicht in aller Deutlichkeit Golgota und das Kreuz an, die Höhle des Grabes, die Nacht des Todes, die zur Geburt des neuen, ewigen Lebens führt? Bekommt von daher Weihnachten nicht eine ganz andere Tiefenschärfe, eine tiefere Bedeutung?

In der Tat: Es ist dringend geboten, daß wir uns auf diesen tiefen Sinn des Weihnachtsfestes und der Botschaft von der Menschwerdung Gottes besinnen. Dazu müssen wir zu den Ursprüngen des Glaubens und des Bekenntnisses der Christen zum menschgewordenen Gottessohn vordringen – zu den Zeugnissen des Neuen Testaments, angefangen von den Briefen über die synoptischen Evangelien (Markus, Lukas, Matthäus) bis zum Johannes-Evangelium.

Die vorliegende Veröffentlichung will dabei helfen. Das Buch gibt ein vollständig ausgearbeitetes, sechsteiliges Glaubensseminar wieder zur Weihnachtsbotschaft des Neuen Testaments. Die Elemente können aber auch einzeln und in anderen Zusammenhängen eingesetzt werden, z.B. bei Besinnungstagen, in Katechese, Predigt und Religionsunterricht. Die intensive Beschäftigung damit wird keine

spröde, trockene Arbeit, sondern beglückende, lebendige Erfahrung – wie zahllose Menschen aussagen, die sich, in welchem Rahmen auch immer, mit dem Dargelegten auseinandersetzten.
In vielen Jahren, in unzähligen Gruppen und Gemeinschaften ganz unterschiedlicher Zusammensetzung, ist dieses Glaubensseminar Schritt für Schritt gewachsen – nicht nur als geschlossenes Ganzes über sechs Veranstaltungen hin, sondern auch in Einzelveranstaltungen, Wochenenden, Besinnungs- und Einkehrtagen, Gesprächen; beteiligt waren junge und alte Menschen, gebildete, einfache, kritische, brave, ungeduldige, konservative, progressive Männer und Frauen, Menschen, die in ihrer Pfarrgemeinde oder einer Gemeinschaft aktiv und überzeugt mitarbeiten, aber auch andere, die eher distanziert und skeptisch, noch auf der Suche, mehr vom Rand her zuschauen, Akademiker, Industriearbeiter, Hausfrauen, Bauern und Winzer, Priester, Ordensleute, Laien, alleinerziehende Mütter und Väter, geschiedene, verheiratete und unverheiratete Frauen und Männer... Für sie alle gilt nämlich gleichermaßen die Zusage der absoluten Nähe Gottes zu uns Menschen, die in der Menschwerdung Gottes greifbar wurde.
Das Seminar kann so durchgeführt werden, wie es im Buch beschrieben ist. Der „Gesprächsleiter“ muß dabei nicht unbedingt ein „Hauptamtlicher“ sein, kein Theologe, auch kein Lehrer; natürlich ist es gut, wenn aus diesem Personenkreis jemand zur Verfügung steht. Der Gesprächsleiter kann jedoch auch ein Laie sein, der ein wenig pädagogisches Geschick mitbringt und sich intensiv mit dem im Buch dargebotenen Material und den Lernschritten beschäftigt hat. Das ist ja auch die Chance des Laien und seines Apostolats: „Laien“ – das kann man nicht oft genug betonen – sind ja nicht Menschen, die dumm sind und nichts zu sagen hätten, sondern Mitglieder des Leibes Christi, Angehörige des Volkes Gottes, die von dem Zeugnis ablegen, der für uns Mensch geworden ist.
Mein Wunsch ist, daß dieses Buch einen bescheidenen Beitrag dazu leistet, daß die Botschaft von der Menschwerdung Gottes wieder in ihrer ganzen Tragweite den gebührenden Platz in unserem Leben einnimmt und von daher das Weihnachtsfest seine wirkliche Bedeutung erhält; dann ist auch gegen Lebkuchen und Lametta nichts einzuwenden.

Klaus Haarlammert

Seminar

Erste Veranstaltung

Menschwerdung – Zuneigung Gottes zur Welt und zu den Menschen

Ziel

Zunächst sollen die Teilnehmer bei der ersten Veranstaltung – wenn nötig – einander kennenlernen, ihre persönlichen Erwartungen an das Seminar ausdrücken und die der anderen erfahren können.
Weiter sollen die Teilnehmer erkennen: Die Menschwerdung Gottes ist der Anfang seiner endgültigen Zuneigung zu uns Menschen, der Beginn der Erlösung, die in Tod und Auferstehung Jesu Christi zum Höhepunkt kommt; dies wird im ganzen Verlauf des Seminars immer wieder durchscheinen. Zum anderen sollen sie erfahren, daß es beim Weihnachtsgeheimnis um ein persönliches, mit Verstand und Wissen letztlich nicht überprüfbares und damit immer auch angefochtenes Glauben geht.

Verlauf

1. Einführung in das Seminarprogramm

Der Gesprächsleiter macht die Teilnehmer mit Themen, Verlauf und Ziel des gesamten Seminars bekannt. Grundlage dafür ist einmal das Programm (Faltblatt o. ä.), mit dem für das Seminar geworben und eingeladen wurde; dort sollten die Themen, der Beginn und Ort der einzelnen Veranstaltungen, wenn möglich mit einer ganz knappen Inhaltsangabe (drei Sätze), aufgeführt sein. Weiter dienen dem Gesprächsleiter zur Einführung jeweils die Zielangaben zu den einzelnen Veranstaltungen, wie sie im vorliegenden Buch formuliert sind. Bei diesem ersten Schritt muß schon deutlich werden, daß es bei diesem Seminar nicht nur um bloße Wissensvermittlung geht (Kennen der Texte, Bedeutung, Zusammenhänge u. a.), sondern wesentlich um eine Hinführung zum Bekenntnis und zu der (Grund-) Frage, was der Glaube an die Menschwerdung Gottes für das Leben des einzelnen Teilnehmers bedeutet.
(Statement – 10 Minuten)

2. Vorstellen der Teilnehmer

Dieser Schritt der ersten Veranstaltung ist natürlich nur dann notwendig, wenn eine Gruppe zusammenkommt, deren Mitglieder zumindest teilweise einander noch unbekannt sind bzw. sich nur flüchtig kennen.

Drei Vorschläge zur Auswahl

A) Jeder Teilnehmer stellt sich selbst kurz vor mit Vorname, Name, Beruf (und was er sonst noch für mitteilenswert hält).
(Plenum – 20 Minuten, je nach Anzahl der Teilnehmer)

B) Der Gesprächsleiter teilt gemischte halbierte Karten aus (Ansichtskarten, Spruchkarten, Schmuckkarten o. a.). Jeder Teilnehmer sucht seine entsprechende „Kartenhälfte“ und befragt deren „Besitzer“ so, daß er ihn anschließend in der großen Runde

vorstellen kann. Es wäre gut, wenn dabei nicht gerade die Leute zusammenkämen, die sich ohnehin gut kennen, sondern noch weniger miteinander bekannte Teilnehmer; dies kann der Gesprächsleiter durch geschicktes Verteilen der Kartenhälften ein wenig steuern. Im Anschluß an das kurze Personen-Interview und die Vorstellungsrunde sollten die Gesprächspartner auch beieinander sitzen bleiben.
(Interview, Bericht – 30 Minuten)

C) Der Gesprächsleiter hat lange Wollfäden zurechtgeschnitten, die er zu Beginn der Veranstaltung auf einen Tisch in der Mitte des Raumes so hingelegt hat, daß die Enden auf beiden Seiten jeweils über die Tischkante herunterhängen. Bei der Vorstellungsrunde fordert er die Teilnehmer auf, jeweils ein Faden-Ende zu nehmen und mit dem Teilnehmer, der das andere Ende in der Hand hält, das kurze Interview zu führen. Anschließend stellen die Gesprächspartner einander in der großen Runde vor. Auch hierbei sollten die Teilnehmer mit dem neuen Gesprächspartner zusammensitzen.
(Interview, Bericht – 30 Minuten)

3. Die Erwartungen der Teilnehmer

Zwei Vorschläge zur Auswahl

A) Jeder Teilnehmer erhält ein DIN-A5-Blatt, auf dem die Frage steht: „Was erwarte ich von diesem Glaubensseminar?“ Der Gesprächsleiter bittet die Teilnehmer, ihre Erwartungen aufzuschreiben (ohne Namensnennung) und das Blatt dann an die Wand zu hängen (alte Tapeten, Pack- oder Plakatpapier vorher anbringen).
(Einzelbesinnung – 10 Minuten)

Dann gehen alle Teilnehmer zu dieser Sammlung von Erwartungen und tauschen ihre Gedanken darüber aus. So erfahren die Teilnehmer die Fülle und Verschiedenartigkeit der Erwartungen, sehen verwandte Vorstellungen, ähnliche Erwartungen und können gegenseitig rückfragen.

(Gespräch – 15 Minuten; eventuell können dazu oder auch schon bei der Interview- und Vorstellungsrunde – zur Auflockerung – Getränke angeboten werden.)

B) Jeweils drei Teilnehmer setzen sich zusammen und diskutieren ihre Erwartungen. Sie versuchen, ihre Erwartungen in einem Satz zusammenzufassen, und tragen ihn anschließend in der großen Runde vor.
(Tischgruppengespräch, Bericht – 20 Minuten)

4. Ordnen der Erwartungen

In der gemeinsamen Runde versucht der Gesprächsleiter, die aufgeschriebenen bzw. vorgetragenen Erwartungen der Teilnehmer zu systematisieren: Er zeigt Gemeinsamkeiten, faßt die Erwartungen dementsprechend zusammen und stellt sie unter einen umfassenden Oberbegriff. Dies kann auf Plakatpapier (Filzstifte), auf einer Folie für den Tageslichtprojektor oder auf einer Tafel geschehen. Zweckmäßig ist es, wenn die Einzelaussagen (Sammlung der Erwartungen) während des Glaubensseminars sichtbar sind (Plakatpapier) bzw. immer mal wieder gezeigt werden (Tageslichtprojektor); zum Ende einer der nächsten Veranstaltungen (ab der dritten Veranstaltung, je nach Länge des Seminars) sollte über folgende Fragen gesprochen werden: Welche Erwartungen sind schon ganz oder teilweise erfüllt, welche Erwartungen noch nicht? Was muß in den verbleibenden Veranstaltungen stärker beachtet werden? Welche Fragen, die in diesem Glaubensseminar nicht behandelt werden können, sind aufgetaucht und bedürfen einer späteren Behandlung, etwa in einem zweiten Seminar oder einer eigenen, einmaligen Veranstaltung?
(Gespräch – 15 Minuten)

5. Was bedeutet der Glaube an die Menschwerdung Gottes für mich?

Hier soll vor allem die persönliche Betroffenheit der Teilnehmer durch die Weihnachtsbotschaft erfragt werden. Damit kann der Gefahr entgegengesteuert werden, daß dieses Glaubensseminar bloße Wissensvermittlung ist; hier wird gewissermaßen der „Grundstein" dafür gelegt, daß es zu einer persönlichen Auseinandersetzung mit dem Glauben der ersten Gemeinden an die Menschwerdung Gottes und dem eigenen Glauben kommt. Außerdem kann der Gesprächsleiter hier erfahren, von welchen Voraussetzungen er bei den Teilnehmern ausgehen kann, was den Glauben an die Menschwerdung Gottes betrifft, auf welche Fragen er bei den einzelnen Veranstaltungen besonderes Gewicht legen muß.

Zwei Vorschläge zur Auswahl

A) Der Gesprächsleiter hat DIN-A5-Blätter vorbereitet, auf denen (oben) die Frage steht: „Was bedeutet für mich der Satz: Gott ist Mensch geworden?" Die Teilnehmer sollen ihre persönliche Antwort auf das Blatt schreiben, ohne Namensnennung, und auf ein vorher vorbereitetes Plakat kleben (Tesafilm); dies soll möglichst in Stille geschehen; der Gesprächsleiter kann aber auch leise meditative Musik dazu anbieten. Anschließend – es soll genügend Zeit gelassen werden, auf zehn Minuten kommt es nicht an – liest ein Teilnehmer oder der Gesprächsleiter die einzelnen „Bekenntnisse" vor. Eine andere Möglichkeit bei diesem Vorschlag ist die, daß jeder Teilnehmer zur Plakatwand geht und die „Bekenntnisse" still für sich liest. Der Erfahrung nach bedeutet dieser Schritt eine sehr dichte, von allen Teilnehmern, auch von denen, die anfangs diesem Schritt skeptisch gegenüberstanden, als positiv und hilfreich beurteilte Phase zu Beginn des gemeinsamen Glaubensseminars.
(Schreibmeditation – 30 bis 40 Minuten)

B) Der Gesprächsleiter hat den Satz „Gott ist Mensch geworden" groß auf ein Plakat geschrieben (oder mit einer Folie und dem Tageslichtprojektor projiziert) und fragt nun die Teilnehmer, was dies für sie bedeutet. Die Teilnehmer sagen ihre Antworten nach der Art eines „Brainstorming" (brain storm – „Gedankenblitze"). Die einzelnen Antworten bleiben so stehen, wie sie gesagt wurden, sie werden nicht hinterfragt und diskutiert, da es persönliche Bekenntnisse sind. Auch hier kann leise meditative Musik im Hintergrund laufen; eine natürliche, nicht krampfhaft gemachte

Stille zwischen den einzelnen Aussagen trägt zur Vertiefung bei. (Brainstorming – 20 Minuten)

6. Menschwerdung – Zuneigung Gottes zur Welt und zu den Menschen

Der Gesprächsleiter erläutert nun in einem Kurzreferat – ausgehend von der Entstehung des Weihnachtsfestes – die Bedeutung und Gewichtigkeit des Glaubens an die Menschwerdung Gottes und (vor allem) den Zusammenhang mit dem Ostergeheimnis. Dabei kann der Gesprächsleiter von den Erfahrungen im vorhergehenden Schritt ausgehen. Zur Auflockerung des Kurzreferats und zum besseren Verständnis trägt es sicher bei, wenn der Gesprächsleiter die „Merksätze" an einer Tafel, auf einem Plakat oder auf einer Folie mit Tageslichtschreiber für alle Teilnehmer sichtbar macht. Anschließend kann er den Teilnehmern dieses Thesenblatt vervielfältigt mitgeben.
(Kurzreferat und Thesenblatt: Textanhang Seiten 39–43; 20 bis 30 Minuten)

7. Abschluß/„Hausaufgabe"

Am Ende der Veranstaltung erläutert der Gesprächsleiter die „Hausaufgabe".

Dabei erklärt er zunächst, was mit „Hausaufgabe" gemeint ist, etwa so: Die Erfahrung mit diesem oder ähnlichen Seminaren hat gezeigt, daß Vorschläge, wie die Teilnehmer zu Hause am Thema weiter- und nach-denken können, gerne angenommen werden und für einen „tieferen" Verlauf des Seminars sorgen. Für diese Vorschläge wurde das altbekannte Wort „Hausaufgabe" gewählt. Inhaltlich ist damit nichts verbunden, was an die Hausaufgaben der Schule erinnert. Diese „Hausaufgaben" sind immer freiwillig und in das Ermessen der einzelnen Teilnehmer gestellt. Jeder Teilnehmer kann frei entscheiden, ob er einen Vorschlag oder gleich mehrere oder gar keinen aufgreift. Wenn auch in manchen Veranstaltungen nach den Erfahrungen bei den Hausaufgaben gefragt wird, so ist dies keine Kontrolle, sondern lediglich ein Erfahrungsaustausch. Die Chance der „Hausaufgaben" besteht

darin, daß sie tiefer in den Stoff einführen helfen und zu einer persönlichen Auseinandersetzung einladen. Nacharbeiten jedenfalls bringt Tiefgang.
(Erläuterung – 10 bis 15 Minuten)

Vier Vorschläge zur Auswahl

A) Der Gesprächsleiter hat DIN-A5-Blätter mit dem Text der wohl ältesten „Formel" des Weihnachtsbekenntnisses: Gal 4,4–5 (3,26–4,7) für alle Teilnehmer vervielfältigt. Er schlägt vor, sich zu Hause mit diesem Bekenntnis auseinanderzusetzen (Was sagt mir dieses Bekenntnis – jetzt?). Jeder Teilnehmer kann *sein* Bekenntnis formulieren und aufschreiben: Dies kann eine ähnliche „Kurzformel des Glaubens" sein, aber auch ein Gebet. Noch einmal: Dies ist nicht unbedingt zur „Veröffentlichung" bestimmt.
(Textblatt: Textanhang Seite 44)

B) Der Gesprächsleiter schlägt vor, zu Hause noch einmal an den fünften Schritt dieser ersten Veranstaltung zu denken und sich zu erinnern: Wie habe ich früher Weihnachten erlebt? Welches sind meine Erinnerungen an Weihnachten – als Kind, – als junger Erwachsener, – jetzt?
Was war mein eindrucksvollstes „Weihnachtserlebnis"? Ein ähnlicher Schritt – ein „Erinnerungsgespräch" – wird zwar bei den Veranstaltungen zu den Bräuchen des Weihnachtsfestes und seiner Vorbereitung getan, aber dies überschneidet sich nicht, im Gegenteil: Vielleicht kann diese Eigenüberlegung jetzt den Schritt später vorbereiten.

C) Ebenfalls vom fünften Schritt dieser Veranstaltung geht dieser Vorschlag aus: Der Gesprächsleiter fordert die Teilnehmer auf, einige der bei diesem Punkt an die Wand gehefteten Aussagen aufzuschreiben und zu Hause noch einmal darüber nachzudenken. Damit wird der Erfahrung nach die gemeinsame „Glaubens-Ebene" der Gruppe vertieft.

D) Der Gesprächsleiter schlägt vor, zum gesamten Verlauf des Glaubensseminars ein „Tagebuch" zu führen: Dort sollten die Teilnehmer, die dies tun wollen, ihre ganz persönlichen Gedan-

ken, Fragen, Erfahrungen, Lebensgeschichten, Glaubensgeschichten aufschreiben, die während oder aufgrund des Seminars geschehen bzw. aufgrund des Seminars aus der „Tiefenschicht“ im Menschen „nach oben“ kommen.
Die eigene Glaubensentwicklung und -reifung wird dadurch bewußter und vielleicht entschiedener. Auch dies ist nicht zur Veröffentlichung in späteren Veranstaltungen bestimmt. Dieses Tagebuch kann eine gute Grundlage für die „Revision de vie“ sein. Wenn aber das Tagebuch nach der ersten Veranstaltung angefangen wird, sollte es während des ganzen Glaubensseminars geführt werden; vielleicht wird es zu einer festen „Lebenseinrichtung“. Bestandteile des Tagebuches können Aufzeichnungen aus den Veranstaltungen und den „Hausaufgaben“ sein.

Die Menschwerdung Gottes wird vielfältig bezeugt

Ziel

Die Teilnehmer sollen erfahren, daß die eine Weihnachtsbotschaft im Neuen Testament – Gott ist Mensch geworden! – vielfältig bezeugt ist, daß aber die einzelnen Zeugnisse in der Art und Weise, wie sie die Menschwerdung Gottes bekennen, sehr unterschiedlich sind. In dieser Veranstaltung geht es zunächst um die Textbezüge außerhalb der Evangelien. Über das Kennenlernen der verschiedenen Zeugnisse sollen die Teilnehmer am Ende dazu geführt werden, für sich selbst die Frage zu beantworten, was Menschwerdung Gottes für sie persönlich bedeutet.

Verlauf

1. Anknüpfung an die erste Veranstaltung

Der Gesprächsleiter faßt die Grundgedanken der ersten Veranstaltung zusammen. Dazu können ihm die Thesen des Referats der ersten Veranstaltung dienen, die jeder Teilnehmer auch als „Thesenblatt" mitbekommen hat. Vor allem weist der Gesprächsleiter noch einmal auf die Entstehung des Weihnachtsfestes hin, die ausführlich behandelt wurde, und leitet von daher über auf diese Veranstaltung: In diesem Umfeld gibt es viele andere Zeugnisse, die in der zweiten Veranstaltung im Mittelpunkt stehen. Dann kann der Gesprächsleiter nach den Erfahrungen der Teilnehmer bei den „Hausaufgaben" fragen, wobei er aber die Freiwilligkeit, davon zu berichten, noch einmal unterstreicht.
(Statement, evtl. Rundgespräch – 10 bis 20 Minuten)

2. Überblick über die Weihnachtsbotschaft außerhalb der Evangelien

Der Gesprächsleiter unterstreicht, daß die Bekenntnisse zur Menschwerdung Gottes vielfältig sind. Die ältesten Bekenntnisse finden sich in den Paulus-Briefen. Warum das so ist, erklärt der Gesprächsleiter, wenn nötig, anhand der Entstehungsgeschichte des Neuen Testaments. Dazu kann er sich der im Textanhang abgedruckten Zeichnung bedienen, die er als Tafelbild, Plakat oder auf einer Folie für den Tageslichtschreiber vorbereitet bzw. als Textblatt vervielfältigt hat. Er erklärt, daß in dieser zweiten Veranstaltung die Briefe im Mittelpunkt stehen, da dort die ältesten Bekenntnisse zu finden sind, weil Paulus seine Briefe vor dem ersten Evangelium geschrieben hat (Paulus starb wohl 67 nach Christi Geburt, und das erste Evangelium, das des Markus, entstand im Jahre 70).
(Erläuterung anhand der Zeichnung: Textanhang Seite 50 – etwa 15 Minuten)

3. Die ältesten Zeugnisse von der Menschwerdung Gottes

Nach den Erläuterungen teilt der Gesprächsleiter ein vorbereitetes Textblatt aus mit den einschlägigen Schriftstellen und bittet die Teilnehmer, jeweils in Dreiergruppen miteinander zu überlegen, wie dort der Glaube an die Menschwerdung bezeugt ist; die Teilnehmer stellen dabei die Unterschiede und Gemeinsamkeiten der Zeugnisse fest.
(Gruppenarbeit/Dreiergruppen, Textblatt: Textanhang Seiten 44–46 – etwa 20 Minuten)

Im Plenum werden dann die Ergebnisse von jeweils einem Gruppenmitglied eingebracht. Der Gesprächsleiter versucht, an einer Tafel, einem Plakat oder mit dem Tageslichtprojektor die Ergebnisse darzustellen.
(Plenum, Ergebnissicherung – 20 Minuten)

4. Die verschiedenen Weihnachtsbekenntnisse im Überblick

Dann leitet der Gesprächsleiter über zu einem Kurzreferat, in dem

er anhand zahlreicher Textstellen die verschiedenen Weihnachtsbekenntnisse außerhalb der eigentlichen Evangelien darstellt. Wenn auch die Sammlung der Textstellen auf den ersten Blick wenig ergiebig erscheint, so ist doch der Erfahrung nach gerade dieser Überblick für die Teilnehmer ein Erweis für die Stellung des Bekenntnisses zur Menschwerdung Gottes. Außerdem kann der Gesprächsleiter natürlich auch aus der Sammlung von Textstellen auswählen.
(Kurzreferat anhand des Thesenblattes und der Textstellen: Textanhang Seiten 43, 44–46 und 46–49 – etwa 30 Minuten)

5. Metapher-Meditation

Nach diesem eher trockenen, aber doch interessanten Schritt soll nun wieder das Erlebnisfeld der Teilnehmer stärker im Vordergrund stehen.
Der Gesprächsleiter hat DIN-A5-Blätter ausgeteilt, auf denen oben der Satz steht: „Menschwerdung ist für mich wie...“ Still für sich soll jeder Teilnehmer den Vergleich (Metapher) ergänzen. Es können durchaus auch mehrere Vergleiche notiert werden. Dabei kann im Hintergrund leise, getragene meditative Musik gespielt werden.
(Metapher-Meditation – 20 Minuten)

Zwei Möglichkeiten zur Auswahl

A) Ein Teilnehmer oder der Gesprächsleiter liest die einzelnen Metaphern der eingesammelten DIN-A5-Blätter vor (ohne Namensnennung natürlich).

B) Die einzelnen Blätter werden vom Gesprächsleiter an ein Plakat gehängt, und die Teilnehmer lesen anschließend still die einzelnen Aussagen.

Bei beiden Möglichkeiten kann auch angeboten werden, daß der eine oder andere Teilnehmer einzelne Metaphern aufschreibt, um zu Hause darüber weiter nachzudenken bzw. um sie ins „Tagebuch“ einzutragen.
(Meditation/Plenum – 20 Minuten)

6. Abschluß/„Hausaufgaben"

Zum Abschluß der zweiten Veranstaltung erläutert der Gesprächsleiter kurz die „Hausaufgabe". Dabei betont er noch einmal den Sinn und die Freiwilligkeit dieser Weiterbeschäftigung mit dem Thema.
(Erläuterung – 10 Minuten)

Drei Vorschläge zur Auswahl

A) Der Gesprächsleiter bittet, anhand des Glaubensbekenntnisses Gal 4,4 ff. und mit Hilfe des Thesenblattes zum Referat der ersten Veranstaltung die Texte dieses zweiten Teils (Textblatt zur Gruppenarbeit) zu vergleichen, sie noch einmal vertiefend und meditierend nachzulesen.

B) Eine Form, den Glauben an die Menschwerdung Gottes auszudrücken, finden wir heute vor allem in den kirchlichen Weihnachtsliedern. Der Gesprächsleiter schlägt vor, daß jeder Teilnehmer ein Weihnachtslied, das ihm geläufig ist, auf das Bekenntnis hin untersucht: Wie bekennt das Weihnachtslied den Glauben an die Menschwerdung Gottes? Der Gesprächsleiter kann für diese „Hausaufgabe" auch ein Lied vervielfältigt mitgeben.

C) Der Gesprächsleiter schlägt vor – diese „Hausaufgabe" müßte ausnahmsweise „verpflichtend" gemacht werden –, schon einmal vorbereitend auf die dritte Veranstaltung im Neuen Testament die beiden Kindheitsgeschichten nach Matthäus (1,1-2,23) und Lukas (1,5-2,52) zu lesen und zu vergleichen. Außerdem sollten die Teilnehmer am Seminar einen Blick auf Markus und Johannes werfen, wie sie ihr Evangelium beginnen lassen, und dies in den Zusammenhang mit dem in den ersten beiden Veranstaltungen Gelernten stellen.

D) Teilnehmer, die mit ihrem Tagebuch begonnen haben, sollten damit weitermachen.

Die Botschaft von der Menschwerdung Gottes wird in den Evangelien unterschiedlich bezeugt

Ziel

Nachdem in den ersten beiden Veranstaltungen das Weihnachtsbekenntnis der Urgemeinde bzw. der ersten Gemeinden im Mittelpunkt stand, geht es bei den folgenden drei Veranstaltungen um die Weihnachtserzählungen der Evangelien.
Die Teilnehmer sollen in einem vergleichenden Überblick der Texte über das Ereignis der Menschwerdung Gottes in den Evangelien erfahren, daß es zwar eine gemeinsame Tradition gibt, jedoch auch wesentliche Unterschiede festzustellen sind, die wohl im Interesse der einzelnen Evangelisten begründet liegen.
Die Teilnehmer sollen erkennen, daß es den Evangelisten weder auf „Augenzeugenberichte“ der Geburt Jesu Christi noch auf Detailberichte von den Ereignissen in der Geburtsnacht ankommt; es geht vielmehr wieder um das Bekenntnis: „Gott ist Mensch geworden!“

Verlauf

1. Anknüpfung an die zweite Veranstaltung

Der Gesprächsleiter faßt die Ergebnisse der zweiten Veranstaltung zusammen; er unterstreicht noch einmal, daß es bei den Weihnachtsbekenntnissen um das eine Glaubensbekenntnis geht: Gott ist in Jesus von Nazaret Mensch geworden. Der Gesprächsleiter wiederholt kurz die wichtigsten urchristlichen Bekenntnisse der Menschwerdung Gottes in Jesus Christus.

An dieser Stelle kann der Gesprächsleiter auch wieder nach den Erfahrungen der Teilnehmer bei den „Hausaufgaben“ fragen; ein guter Ansatzpunkt ist es der Erfahrung nach, wenn mindestens ein Teilnehmer das Bekenntnis „seines“ Weihnachtsliedes vorstellt (siehe „Hausaufgabe“ B); dies können jedoch auch mehrere Teilnehmer tun.
Dann leitet der Gesprächsleiter über zum Thema der dritten Veranstaltung; er erklärt, daß es hier wie auch in den weiteren Veranstaltungen um die Weihnachtserzählungen der Evangelien geht. Dabei wird in dieser dritten Veranstaltung auf das gemeinsame Zeugnis abgehoben.
(Statement, evtl. Gespräch – 10 bis 15 Minuten)

2. Überblick über die Weihnachtserzählungen der Evangelisten Matthäus und Lukas

Der Gesprächsleiter fragt nach der „Hausaufgabe C“ der zweiten Veranstaltung: Was ist in den Kindheitsgeschichten des Matthäus (1,1-2,23) und des Lukas (1,5-2,52) verschieden, was gemeinsam – abgesehen von der eigentlichen Geburtserzählung (Mt 1,18-25 und Lk 2,1-20)?
(Rundgespräch, Hinweis für den Gesprächsleiter: siehe Überblick, Textanhang Seite 51 – 20 Minuten)

Der Gesprächsleiter verteilt eine „Synopse“, auf der die eigentlichen Weihnachtserzählungen der sogenannten „synoptischen“ Evangelien zusammengestellt sind (hier Matthäus und Lukas, da Markus keine Kindheitsgeschichte Jesu hat). Zunächst erklärt der Gesprächsleiter den Begriff Synopse, etwa so: Synopse heißt Zusammenschau und wird in der Regel verwendet zum Nebeneinanderlesen von Texten, um Gemeinsamkeiten und Verschiedenheiten zu entdecken. Als Fachausdruck dient Synopse vor allem in der Arbeit der Bibelauslegung, wo er für die Zusammenschau der Texte der drei synoptischen Evangelien Markus, Matthäus und Lukas gebraucht wird; die drei Evangelien heißen deswegen synoptisch, weil sie aufeinander aufbauen und voneinander Texte übernommen haben (siehe Entstehung des Neuen Testaments, Textanhang Seite 50).

Diesen Überblick über die beiden Weihnachtserzählungen erläutert der Gesprächsleiter und stellt dabei heraus, daß es eine gemeinsame Tradition gibt, die aber die beiden Evangelisten unterschiedlich verarbeitet haben. Matthäus erzählt anders als Lukas (und von beiden wieder völlig verschieden Johannes, was später noch deutlich gemacht wird).
(Erläuterung anhand der o. g. Textblätter/Übersichten – 20 Minuten)

3. Die Gemeinsamkeiten und Unterschiede der Weihnachtsbotschaft

Der Gesprächsleiter hat die verschiedenen Texte der Evangelien vervielfältigt und ausgeteilt. Dazu gibt er verschiedene Farb- bzw. Filzstifte aus mit folgender Aufgabenstellung für die Arbeitsgruppen (Dreiergruppen):

- Was ist den Weihnachtsgeschichten gemeinsam?
- Was wird unterschiedlich erzählt?

Die Teilnehmer sollen dies jeweils mit verschiedenen Farben deutlich machen.
(Gruppenarbeit/Dreiergruppen – 30 Minuten)
Anschließend wird in der großen Runde das Ergebnis besprochen.
(Rundgespräch – 30 Minuten)
Am Ende faßt der Gesprächsleiter das Ergebnis noch einmal zusammen, erläutert und wertet.
(Erläuterung anhand der Übersichten, Textanhang Seiten 51–53 – 20 Minuten)

4. Bildbetrachtung

Zur Abrundung und Vertiefung dient die Betrachtung des Bildes „Christus am Kreuz – Maria mit dem Kind“ aus den Chorfenstern von Marc Chagall in der St.-Stephans-Kirche in Mainz, weil hier am deutlichsten der schon zu Beginn hervorgehobene Zusammenhang zwischen Verkündigung, Geburt, Tod und Auferstehung dargestellt ist. Jeder Teilnehmer hat das Bild vor sich und betrachtet es eine Weile still für sich.

Zwei Möglichkeiten

A) Jeder Teilnehmer, der zum Bild etwas sagen möchte, kann dies tun. Dabei kann ein erster Schritt die Frage sein: „Was sehe ich?", ein zweiter: „Wie ist es dargestellt? Welche Botschaft steckt dahinter?" Jede Aussage ist persönlich und sollte weder hinterfragt noch diskutiert werden, auch dann nicht, wenn es gegensätzliche Äußerungen gibt.

B) Der Gesprächsleiter liest langsam und ruhig den Betrachtungstext zum Bild, wie er im Textanhang abgedruckt ist; diese Betrachtung ist übrigens im Kern bei einem ähnlichen Seminar entstanden.

(Das Bild von Marc Chagall: „Christus am Kreuz, Maria mit dem Kind" gibt es entweder in Postkartengröße oder als kleine Bilder im Format DIN A7, und zwar unter der Nummer 5329 oder 7329 bei: Kunstverlag Maria Laach, 5471 Maria Laach.)
(Bildbetrachtung, Textanhang Seiten 54–57 – 20 Minuten)

5. Abschluß/„Hausaufgabe"

Am Ende der dritten Veranstaltung erläutert der Gesprächsleiter die „Hausaufgabe".
(Erläuterung – 5 bis 10 Minuten)

Vier Vorschläge zur Auswahl

A) Der Gesprächsleiter bittet die Teilnehmer, zu Hause noch einmal das Chagall-Bild zur Hand zu nehmen und – wer will – dazu nach einer erneuten Betrachtung ein kleines Gebet zu formulieren: ein Bekenntnis, eine Bitte, einen Dank oder ähnliches.

B) Wer von den Teilnehmern will, kann einmal nach anderen Weihnachtsbildern suchen und sie anhand der Fragen betrachten, die in dieser dritten Veranstaltung angegeben wurden.

C) Wer sein Tagebuch bis jetzt geführt hat, sollte dies auch weiterhin tun.

D) Zur Vorbereitung auf die nächste Veranstaltung kann der Gesprächsleiter eine der Weihnachtserzählungen – aufbereitet wie im Textanhang abgedruckt – verteilen und die Teilnehmer bitten, den Text schon einmal zu lesen und nach den aufgegebenen Kriterien zu betrachten.
(Textanhang Seiten 58–59 und 67)

Vierte Veranstaltung

Die Weihnachtsbotschaft nach Lukas

Ziel

Die Teilnehmer haben die verschiedenen Weihnachtserzählungen kennengelernt und dabei gesehen, daß sie bei aller Verschiedenheit die eine Botschaft, das eine Weihnachtsbekenntnis verkünden und bezeugen: Gott ist in Jesus Christus Mensch geworden. Zugleich sollen die Teilnehmer sehen, daß die Verschiedenheit der Weihnachtserzählungen wohl daraus zu verstehen ist, daß jeder Evangelist in eine bestimmte Situation hinein, für eine bestimmte Gruppe und mit einer bestimmten Absicht erzählt: Die Weihnachtserzählungen wollen Verkündigung, Unterweisung für die Gemeinde(n) sein.

Verlauf

1. Anknüpfung an die dritte Veranstaltung

Der Gesprächsleiter faßt das Ergebnis der dritten Veranstaltung zusammen, wobei er vor allem noch einmal auf die Gemeinsamkeiten der Weihnachtsbotschaft hinweist. Hier kann er auch wieder nach den Erfahrungen der Teilnehmer bei den Hausaufgaben fragen.
Dann leitet der Gesprächsleiter über zum Thema dieser vierten Veranstaltung und weist darauf hin, daß es neben der gemeinsamen Botschaft von der Menschwerdung Gottes verschiedene Traditionen der Erzählungen über die Menschwerdung Gottes gibt.
(Statement – 10 Minuten)

2. Überblick über die Weihnachtserzählungen in den Evangelien

Der Gesprächsleiter nimmt noch einmal die zum Schritt zwei der dritten Veranstaltung erarbeitete Übersicht her und stellt das Sondergut der Evangelisten dar.
(Kurzreferat und Textblatt: Textanhang Seite 51 – 10 Minuten)

3. Die Weihnachtserzählung nach Lukas

Für diesen Schritt der Schriftbetrachtung und des Schriftgesprächs hat der Gesprächsleiter den Text (Lk 2,1-21) für Schriftbetrachtung und Schriftgespräch aufbereitet und vervielfältigt. Die drei Rubriken bzw. Zeichen bedeuten:

? Hier habe ich Fragen, hier stellt der Text an mich Fragen.
! Hier geht mir ein Licht auf.
→ Hier führt der Text mich ein Stück weiter.
(Text: Textanhang Seiten 58–59)

Zunächst lesen die Teilnehmer das Evangelium still für sich; dabei können sie sich Anmerkungen in den drei Spalten machen.
(Schriftbetrachtung – 20 Minuten)

Anschließend setzen sich die Teilnehmer in Dreiergruppen zusammen und sprechen über den Schrifttext. Sie versuchen, ihr Gesprächsergebnis in ein paar Sätzen zusammenzufassen, die dann ein Teilnehmer aus jeder Gruppe in der großen Runde vorträgt.
(Schriftgespräch – 30 Minuten)
(Gemeinsames Rundgespräch – 20 Minuten)

4. Zusammenfassung

Nach Schriftgespräch und Rundgespräch faßt der Gesprächsleiter die Aussage der Weihnachtsbotschaft nach Lukas zusammen.
(Kurzreferat: Textanhang Seiten 60–66 – 20 Minuten)

5. Zwischenwertung des Seminars

Am Ende dieser vierten Veranstaltung ist es gut, einmal zu erkunden, wie sich die Teilnehmer in der Gruppe fühlen und wieweit die Erwartungen, die zu Beginn geäußert wurden, erfüllt sind bzw. nicht.

Vier Vorschläge zur Auswahl

A) „Blitzlicht“
Der Gesprächsleiter fragt die Teilnehmer: „Wie fühlen Sie sich jetzt im Augenblick in diesem Glaubensseminar?“ Die Teilnehmer antworten blitzschnell, ohne lange zu überlegen, und rufen es in die Runde.

B) „Das Schwarze Brett“
Im Veranstaltungsraum hat der Gesprächsleiter drei Plakate mit folgenden Aufschriften hingehängt:
„Ich finde gut, daß ...“
„Mich stört, daß ...“
„Es wäre gut, wenn ...“

Die Teilnehmer haben kleine „Meinungszettel“ (DIN A6) und schreiben darauf ihren Kommentar; dann kleben sie die Zettel auf die Plakate. Jeder kann sie lesen. Die Zettel erhalten natürlich keinen Namen, die Auswertung geschieht anonym.

C) „Gefühlsbarometer“
Der Gesprächsleiter hat auf einem großen Plakat zwei Pfeile aufgezeichnet mit folgender Vorgabe:

„Ich fühle mich unheimlich wohl in der Gruppe.“	„Ich habe bis jetzt sehr viel gelernt und erfahren; ich bin sehr zufrieden.“
„Ich schwanke noch in meinem Verhältnis zur Gruppe.“	„Ich weiß noch nicht so recht, was ich mit dem Gelernten anfangen soll.“
„Ich fühle mich nicht wohl in der Gruppe.“	„Eigentlich habe ich für mich noch nichts gelernt; ich bin unzufrieden.“

Die Teilnehmer kreuzen mit Filzstift an, wo sie sich auf den beiden Skalen „befinden“.
Die Erfahrung zeigt, daß manche Gruppen bei einem solchen „Test“ Unbehagen empfinden, ja sogar dagegen sind. Für solche Gruppen ist es aber doch gut, wenn am Ende dieser vierten Veranstaltung überprüft wird, welche (inhaltlichen) Erwartungen, die am Anfang geäußert wurden, erfüllt sind und welche nicht. Daher ein vierter Vorschlag:

D) Der Gesprächsleiter zeigt die am Anfang des Glaubensseminars formulierten Erwartungen der Teilnehmer und geht Aussage für Aussage durch. Jede Erwartung, die schon jetzt erfüllt ist, wird abgehängt (Plakat mit DIN-A5-Blättern) bzw. durchgestrichen (Folie auf Tageslichtprojektor). Die übriggebliebenen Erwartungen bleiben sichtbar; der Gesprächsleiter versucht, diese Aspekte in die beiden nächsten Veranstaltungen einzubringen. Wenn schon jetzt deutlich wird, daß einige der Erwartungen nicht mehr erfüllt werden können, heftet der Gesprächsleiter sie auf ein eigenes Plakat oder schreibt sie auf eine eigene Folie. Daraus könnte am Ende des Glaubensseminars eventuell eine weiterführende Veranstaltung geplant werden (oder auch mehrere).
(Zwischenauswertung – 15 bis 20 Minuten)

6. Abschluß/„Hausaufgaben“

Der Gesprächsleiter erklärt kurz die „Hausaufgaben“.
(Erläuterung – 5 Minuten)

Drei Vorschläge zur Auswahl

A) Der Gesprächsleiter hat andere Weihnachtserzählungen zur Schriftbetrachtung vorbereitet und vervielfältigt. Er legt die Texte beim Ausgang auf einen Tisch; jeder Teilnehmer kann sich einen Text mitnehmen und zu Hause überdenken.

B) Der Gesprächsleiter schlägt vor, an den „stummen“ Josef in seiner Situation einen persönlichen Brief zu schreiben.

C) Wer bisher sein Tagebuch geführt hat, sollte dies auch weiter durchhalten.

Fünfte Veranstaltung

Die Weihnachtsbotschaft nach Matthäus und Johannes

Ziel

Die Teilnehmer haben in der vorhergehenden vierten Veranstaltung die Geburtserzählung nach Lukas näher kennengelernt; sie haben gesehen, daß das Weihnachtsevangelium nach Lukas zwar ausmalend und dramatisch ausgestaltet ist, aber auch den wesentlichen Kern enthält, den Zusammenhang zwischen Geburt und Tod, Krippe und Kreuz. In dieser Veranstaltung nun stehen die Weihnachtsbotschaft nach dem Matthäus- und dem Johannesevangelium im Mittelpunkt. Auch hier wird deutlich, daß beide, trotz ihrer ganz unterschiedlichen Aussageweisen, die eine Botschaft durchstrahlt.

Verlauf

1. Anknüpfung an die vierte Veranstaltung

Zu Beginn dieser fünften Veranstaltung hebt der Gesprächsleiter noch einmal die Hauptaussage aus dem Referat zur Weihnachtserzählung des Lukas heraus: Trotz der erzählerischen und dramaturgischen Elemente steht klar die Botschaft im Mittelpunkt, daß Gott wirklicher Mensch wurde für unser Heil und Leben, daß in dieser Menschwerdung schon das Kreuz angesprochen ist, der Kreuzweg bereits beginnt; dies wird konkret an der Verkündigung an die Hirten, jene nichtsnutzigen Randexistenzen, festgemacht.
Dann macht der Gesprächsleiter die Teilnehmer mit dem Verlauf dieser fünften Veranstaltung bekannt.
(Statement – 10 Minuten)

2. Die Weihnachtsevangelien nach Matthäus und Johannes

Der Gesprächsleiter teilt die beiden in gewohnter Weise aufbereiteten Blätter mit den Texten des Matthäus- und des Johannesevangeliums aus. Dann erst bildet er zwei Gruppen, die sich jeweils mit einem der Texte befassen.
(Textblätter: Textanhang Seiten 67–69)

Die Gruppeneinteilung kann der Gesprächsleiter in verschiedener Weise vornehmen.

Drei Vorschläge zur Auswahl

A) „Abzählen"
Die Teilnehmer zählen reihum mit 1,2; 1,2; 1,2 ab; alle, die die Zahl 1 haben, nehmen sich den Matthäus-Text vor, alle mit der Zahl 2 den Johannes-Text.

B) „Karten ziehen"
Der Gesprächsleiter hat kleine Zettel jeweils mit den Zahlen 1 oder 2 in gleicher Menge vorbereitet und läßt die Teilnehmer ziehen. Dann gilt dasselbe wie bei Vorschlag A.

C) „Entscheidung"
Zwei Teilnehmer, die vom Gesprächsleiter bestimmt werden, lesen den Matthäus- bzw. den Johannes-Text vor; die übrigen Teilnehmer sollen sich entscheiden, mit welchem Text sie sich befassen wollen. Die „Vorleser" können zugleich die Gruppen-Gesprächs-Leiter und später Berichterstatter sein.
(Erläuterung – 10 Minuten)

3. Schriftbetrachtung und Schriftgespräch

Jede der beiden Gruppen befaßt sich mit ihrem Text. Zuerst tun dies alle Teilnehmer still für sich.
(Schriftbetrachtung – 20 Minuten)

Dann tauschen die Teilnehmer in den beiden Gruppen ihre Gedanken zum Text aus.
(Schriftgespräch – 30 Minuten)

Anschließend kommen die Teilnehmer wieder in der großen Runde zusammen. Jeweils ein Vertreter der beiden Gruppen „berichtet" über das Ergebnis des Schriftgespräches (Rückfragen sollten möglich sein).
(Gemeinsames Rundgespräch – 20 Minuten)

4. Zusammenfassung

Der Gesprächsleiter faßt die Ergebnisse zusammen. Dabei können ihm die beiden Kurzreferate zur Weihnachtsbotschaft des Johannes und des Matthäus im Textanhang behilflich sein.
(Kurzreferate – zu Johannes: Textanhang Seiten 69–70; zu Matthäus: Übersicht Textanhang Seiten 51–53 – 10 Minuten)

5. Krippe und Kreuz

Zu einer abschließenden Betrachtung stellt der Gesprächsleiter noch einmal den schon mehrmals gefundenen Zusammenhang zwischen „Krippe und Kreuz" heraus.
Spezielle Lieder zu dieser Thematik finden sich in: Erna Woll, An der Krippe zu singen, Don Bosco Verlag, München 1981, z. B. die Liedtitel: Krippe und Kreuz (!)/Wir fahren ins Heilige Land/ Bethlehem – Jerusalem.
(Betrachtung, Textanhang Seiten 71–73 – 15 Minuten)

6. Abschluß/„Hausaufgaben"

Der Gesprächsleiter erläutert die „Hausaufgaben".
(Erläuterung – 5 Minuten)

Drei Vorschläge zur Auswahl

A) Zur Gestalt des Josef und zum Vers 14 aus dem Text Johannes 1,1-18 hat der Gesprächsleiter Betrachtungen vervielfältigt, die vor allem die Beziehung zum Leben des einzelnen Christen, also zu den Teilnehmern selbst, herzustellen versuchen. Der Gesprächsleiter teilt sie aus mit der Bitte, sie zu Hause zu lesen und eventuell (für das Tagebuch) mit eigenen Gedanken (vielleicht konkreten Folgerungen) zu ergänzen.
(Texte, Textanhang Seiten 78–80)

B) Der Gesprächsleiter hat eine Bildkarte mit der Darstellung einer Weihnachtsikone verteilt; er bittet die Teilnehmer, diese Ikone zu Hause zu betrachten, Gedanken dazu und offene Fragen aufzuschreiben für die nächste Veranstaltung. Der Gesprächsleiter sollte diese Aufgabe den Teilnehmern so schmackhaft machen, daß zumindest einige unter ihnen sie ausführen und ihre Gedanken bei der sechsten Veranstaltung vortragen.
Am Ende der letzten Veranstaltung kann er ihnen die Betrachtung der Ikone vervielfältigt mitgeben; besonders eindrucksvoll ist es, wenn die Ikone „Gegenstand" der Betrachtung zum Abschluß des Seminars ist – eindrucksvoll deshalb, weil in der Ikone zweierlei „abgebildet" ist: die vielfältige Bezeugung der neutestamentlichen Weihnachtsbotschaft, wobei die entscheidende Botschaft im Mittelpunkt steht: Gott ist Mensch geworden; zum andern wird deutlich, daß sich dieser Glaube auch im weiteren Verlauf der „Glaubensgeschichte" verschieden ausgedrückt hat.
(Die Bildkarte ist erhältlich bei: Verlag Aurel Bongers, Dortmunder Straße 67, Postfach 100264, 4350 Recklinghausen, „Weihnachtsikone". Es kann sein, daß der in der Betrachtung grundgelegte Typ der Weihnachtsikone nicht mehr erhältlich ist; jedoch treffen die Kernaussagen eigentlich jede Weihnachtsikone, wenn auch Einzelheiten unterschiedlich sind; der Gesprächsleiter kann dies sehr leicht bei der eigenen Betrachtung und dem Vergleich mit dem Text herausfinden und dann angleichen.)
(Betrachtung – Textanhang Seiten 73–78)

C) Das Tagebuch sollte wieder weitergeführt werden.

Sechste Veranstaltung

Mit Symbolen auf Weihnachten vorbereiten

Ziel

In dieser sechsten Veranstaltung stehen einige Bräuche und Symbole für Weihnachten im Mittelpunkt.

Das Wort Symbol kommt aus dem Griechischen, von sym-ballein, das heißt wörtlich „zusammenfallen", „zusammenwerfen"; dies will sagen, daß in einem Zeichen bzw. einem zeichenhaften Gegenstand tiefer Sinn ausgesagt ist, daß da Sinnhaftigkeit und Deutung zusammenfallen, konkret, im wirklichen Sinn des Wortes „handgreiflich" vor Augen gestellt werden.

Das Wort „Brauch" kommt wahrscheinlich aus dem Althochdeutschen und hängt mit der Bedeutung „die Ackerfrucht gebrauchen" zusammen; „gebrauchen" heißt „genießen" (überflüssig) und „brauchen" (notwendig). Bräuche sind also etwas, das der Mensch genießen, feiern kann und soll und das er für sein Leben und die Lebensdeutung gleichzeitig notwendig braucht. Bräuche gehören daher zum Menschen, zum Leben, untrennbar dazu.
Wenn wir dies auf die christliche Ausprägung menschlichen Lebens beziehen, dann können wir mit dem Theologischen Lexikon für die Praxis, Sacramentum mundi, sagen, daß religiöse Bräuche den Glauben der Menschen in Handlungen formen, gewissermaßen „Liturgie des Volksglaubens" sind. Die (religiösen) Bräuche geben „dem religiösen Leben Farbe, Lebendigkeit und Freude", sie sind „für den Seelsorger vielfach die Tür zu den Herzen der Menschen". Sehr oft wurzeln Bräuche in heidnischen Traditionen, die christlich umgedeutet („getauft") wurden; Papst Gregor I. wies im Jahr 601 die Christen an, die heidnischen Tempel in christliche Kirchen umzuwandeln und heidnische Feiern in christliche Feste umzugestalten. Weil Bräuche zum mensch-

lichen Leben dazugehören, sind sie unaufgebbar und notwendig, braucht sie der Mensch. Weil Bräuche das alltägliche Leben ein Stück weit „verklären“, Gott, das Heilige, in dieses Leben hereinholen, „genießen“ die Menschen sie. Mit einem Satz können wir das Ziel religiöser Bräuche treffend umschreiben: „Kostet und seht, wie gut der Herr ist“ (Ps 34,9).

Dies zu entdecken, neu zu lernen und am Beispiel einiger Symbole und Bräuche zur Weihnacht wieder zu sehen, ist Ziel dieser Veranstaltung. Dabei sollen die Teilnehmer – wenn möglich – beides miteinander verbinden: das praktische Vorbereiten und die theoretisch-theologische Deutung. Außerdem sollen sie erkennen, daß die Symbole und Bräuche willkommener Anlaß sein können, über die Weihnachtsbotschaft tiefer nachzudenken, ja, daß sie die Weihnachtsbotschaft erläutern und lebendig vor Augen stellen. Außerdem müßte in dieser letzten Veranstaltung eine Endauswertung des gesamten Seminars erfolgen.

Verlauf

1. Anknüpfung an die fünfte Veranstaltung und Einführung

Der Gesprächsleiter stellt noch einmal die Grundgedanken der vorhergehenden Veranstaltung heraus. Dann macht er darauf aufmerksam, daß sich schon sehr früh – über die theologische und pastorale Auseinandersetzung mit der Weihnachtsbotschaft hinaus – eine Volksfrömmigkeit entwickelte, die sich in Bildern und Bräuchen die Weihnachtsbotschaft zu eigen machte. Das soll in dieser sechsten, abschließenden Veranstaltung (wenigstens ansatzhaft und auswahlhaft) Gegenstand des „Arbeitens“ sein.
Dann führt der Gesprächsleiter mit der in der Zielangabe dargestellten Erklärung der Begriffe „Symbol“ und „Brauch“ in die Veranstaltung ein und stellt den Verlauf kurz dar, indem er die Symbole und Bräuche einfach nennt und sagt, welche für diese Veranstaltung ausgewählt wurden.
(Erläuterung – 10 Minuten)

2. Die Erfahrungen der Teilnehmer

Der Gesprächsleiter fragt dann die Teilnehmer nach ihrer Kenntnis von Symbolen und Bräuchen in der Weihnachtszeit (und in der Adventszeit zuvor): wie die Teilnehmer sie etwa als Kinder erlebten und in Erinnerung behielten, welche sie heute (noch) pflegen – als Eltern mit ihren Kindern, als Paten, Großeltern, Tanten, Onkel oder in Familiengruppen u. a.
(Rundgespräch – 20 Minuten)

3. Symbole und Bräuche zur Weihnacht

Drei Möglichkeiten zur Auswahl

A) Der Gesprächsleiter erklärt in einem längeren Referat die wichtigsten Symbole und Bräuche zur Weihnacht, wie im Materialteil ausgeführt.
(Referat: Materialteil Seiten 81–87 – 45 Minuten)

B) Ein Symbol bzw. Brauch wird ausgewählt und in praktischem Tun und theologischer Deutung ausführlich „behandelt". Zum Beispiel könnten die Teilnehmer Weihnachtssterne basteln oder Papiersterne schneiden, um damit ihren Weihnachtsbaum zu Hause zu schmücken; dabei bringt der Gesprächsleiter die Deutung des Tannenbaums ein.
(Materialteil, Seiten 83–85 – 45 Minuten)

C) Eine andere Möglichkeit ist die, daß nach dem praktischen Tun die Teilnehmer zusammen mit dem Gesprächsleiter im Rundgespräch Deutungen zu finden versuchen; auch andere Symbole und Bräuche könnten dafür ausgewählt werden. Wird nur ein Symbol in den Mittelpunkt gestellt, kann der Gesprächsleiter die anderen Texte vervielfältigt den Teilnehmern mitgeben.
(Praktisches Tun, Deutung, Gespräch – insgesamt 60 Minuten)

4. Wertung des Seminars

Bei der Wertung des Glaubensseminars ist es sicher nicht in erster

Linie wichtig, möglichst viele Erwartungen, die zu Beginn geäußert wurden, einfach abhaken zu können; dabei besteht die Gefahr, nicht nur die Erwartungen, sondern auch den Glauben an die Menschwerdung zu einer „abhakbaren Sache" zu machen, zu einer Sache, die man erledigen kann. Wichtig ist vielmehr zuerst die Frage, ob sich im Glauben und Leben des einzelnen Teilnehmers etwas geändert hat, ob der Weihnachts-„Glaube" bewußter geworden ist als Grund unserer Hoffnung bzw. ob erste Ansätze einer Neubesinnung grundgelegt sind.
Daher lautet der erste Schritt einer Wertung dieses Seminars:

„Vorsätze"

Jeder Teilnehmer bekommt ein DIN-A5-Blatt; darauf schreibt er für sich (ohne Namensnennung) eine Antwort auf die eben genannte Frage – nur einen Gedanken, und zwar den, der für ihn der wichtigste ist. Dazu schreibt jeder Teilnehmer einen konkreten Schritt (oder mehrere), den er jetzt in bestimmten Situationen gehen will, – gleichsam als Konsequenz aus diesem Glaubensseminar. Anschließend kleben die Teilnehmer diese Blätter auf eine vorbereitete Plakatwand. Gemeinsam lesen die Teilnehmer die Aussagen; das muß so geschehen, daß die einzelne Aussage nicht einem Teilnehmer zugeordnet werden kann, weil dies oft ganz persönliche Äußerungen sind. Erfahrungsgemäß muß bei dieser Phase erst eine gewisse „Hemmschwelle" überwunden werden, aber meist haben die Teilnehmer nach sechs gemeinsamen Veranstaltungen, in denen sie ja auch persönlich „innen" gefordert waren, das Gefühl, offen und ehrlich zueinander sein zu können, sich nicht verstecken zu müssen.
Die Phase der „Vorsätze" ist immer eine sehr „dichte", gefüllte Erfahrung, die betroffen macht. Daher sollte der Gesprächsleiter sie auch zeitlich nicht allzu eng gestalten. Wenn der Gesprächsleiter meint, die Phase der „Vorsätze" in seiner Gruppe nicht durchführen zu können, sollte er es beim folgenden zweiten Schritt belassen und ihm zeitlich einen breiteren Raum geben.

Sichtung der Erwartungen

Gesprächsleiter und Teilnehmer schauen zum Schluß noch einmal

auf die zu Beginn des Seminars aufgeschriebenen und am Ende der vierten Veranstaltung schon gesichteten Erwartungen der Teilnehmer. Die nun erfüllten Erwartungen streicht der Gesprächsleiter durch. Die übrigen Blätter mit noch nicht erfüllten Erwartungen klebt er auf ein eigenes Plakat. Dann versuchen Gesprächsleiter und Teilnehmer, aus den nicht erfüllten Erwartungen weitere Themen für Folgeveranstaltungen zu formulieren.
(Wertung des Seminars – 30 Minuten)

5. Abschluß

Hier weist der Gesprächsleiter in aller Kürze auf den miteinander zurückgelegten Weg hin. Er betont, daß zwar das Glaubensseminar zu Ende ist, die Konsequenzen daraus aber erst beginnen: der Weg zu einem tieferen Glauben an den menschgewordenen Gottessohn, zu überzeugterem Christsein, zu einem bewußten Bekenntnis und Leben aus dem Weihnachtsglauben. Der Gesprächsleiter empfiehlt den Teilnehmern, doch manche Texte und Schritte des Glaubensseminars noch einmal nachzugehen, auf andere Situationen zu übertragen, Aussagen und Erfahrungen zu vertiefen. Viele der „Hausaufgaben“ könnten zu einer guten Übung und Gewohnheit werden: z. B. der Umgang mit Schrifttexten, die Bildbetrachtungen, die Gebete, das Tagebuch.
(Erläuterung – 10 Minuten)

An dieser Stelle könnte die Ikone (Hausaufgabe B der fünften Veranstaltung) betrachtet werden – mit den Aussagen der Teilnehmer dazu oder mit dem abgedruckten Text.
(Textanhang Seiten 73–78)

Gut wäre es, wenn das Glaubensseminar mit einem eigenen Gottesdienst – Schriftbetrachtung und Mahlfeier – seinen Abschluß fände. Vielleicht kann die Gruppe einen Sonntagsgottesdienst in der Pfarrgemeinde gestalten. Wenn möglich, könnte die Gruppe an Weihnachten gemeinsam die Mitternachtsmesse besuchen. Zumindest sollte ein kurzer Wortgottesdienst stattfinden – gestaltet von den Teilnehmern. Auch dabei könnte die Betrachtung der Ikone ein Element darstellen.

Texte

Zur ersten Veranstaltung

Menschwerdung – Zuneigung Gottes zur Welt und zu den Menschen

Weihnachten – ein kleines Ostern?

Ein Weihnachtsfest kennen die frühen Gemeinden noch nicht. Das qualvolle Sterben, das Niederschlagen jeglicher Hoffnung und die überraschende Wende der Auferstehung Jesu Christi bewegt sie zusammen mit dem zentralen Ereignis in der Urkirche: der Taufe. Der Apostel Paulus stellt ja gerade diesen Zusammenhang in seinem am stärksten „theologischen" Brief, dem an die Gemeinde in Rom, als entscheidend heraus:
„Wißt ihr denn nicht, daß wir alle, die wir auf Christus Jesus getauft wurden, auf seinen Tod getauft worden sind? Wir wurden mit ihm begraben durch die Taufe auf den Tod; und wie Christus durch die Herrlichkeit des Vaters von den Toten auferweckt wurde, so sollen auch wir als neue Menschen leben. Wenn wir nämlich ihm gleich geworden sind in seinem Tod, dann werden wir mit ihm auch in seiner Auferstehung vereinigt sein. Wir wissen doch: Unser alter Mensch wurde mitgekreuzigt, damit der von der Sünde beherrschte Leib vernichtet werde und wir nicht Sklaven der Sünde bleiben. Denn wer gestorben ist, der ist frei geworden von der Sünde. Sind wir nun mit Christus gestorben, so glauben wir, daß wir auch mit ihm leben werden. Wir wissen, daß Christus, von den Toten auferweckt, nicht mehr stirbt; der Tod hat

keine Macht mehr über ihn. Denn durch sein Sterben ist er ein für allemal gestorben für die Sünde, sein Leben aber lebt er für Gott. So sollt auch ihr euch als Menschen begreifen, die für die Sünde tot sind, aber für Gott leben in Christus Jesus."
(Röm 6,3–11)

Deutlich auch stellt Paulus den Zusammenhang im Brief an die Philipper dar:
„Seid untereinander so gesinnt, wie es dem Leben in Christus Jesus entspricht:
Er war Gott gleich,
hielt aber nicht daran fest, wie Gott zu sein,
sondern er entäußerte sich
und wurde wie ein Sklave
und den Menschen gleich.
Sein Leben war das eines Menschen;
er erniedrigte sich
und war gehorsam bis zum Tod,
bis zum Tod am Kreuz.
Darum hat ihn Gott über alle erhöht
und ihm den Namen verliehen,
der größer ist als alle Namen,
damit alle im Himmel, auf der Erde und unter der Erde
ihre Knie beugen vor dem Namen Jesu
und jeder Mund bekennt:
‚Jesus Christus ist der Herr' –
zur Ehre Gottes, des Vaters."
(Phil 2,5–11)

Erst sehr viel später entsteht das Weihnachtsfest – zunächst aber keineswegs in einer auch nur annähernd der heutigen „Form" des Weihnachtsfestes ähnelnden Weise: Dieses Weihnachtsfest, im vierten Jahrhundert in Rom erstmals aufgekommen, ist ein zweites Osterfest: „Gefeiert" wird der, der geboren wurde, lebte, starb – und auferweckt wurde. Übrigens entspricht dies auch genau der Reihenfolge bei der Entstehung der Evangelien (wie wir anhand der entsprechenden Zeichnung in der nächsten, zweiten Veranstaltung sehen werden): Die Passionsgeschichte liegt als erster zusammenhängender Teil der Evangelien vor (Grundlage: Passion nach

Markus, der keine Kindheitsgeschichte Jesu, auch kein Wort über die Geburt Jesu in sein Evangelium einfügt).

Also: Leben, Leiden, Sterben und Auferstehen Jesu Christi stehen zunächst im Vordergrund; erst später wird versucht, die Anfänge zu erforschen. Ist dies aber nicht nur natürlich? Bei meinem eigenen Geburtstag rückt ja nicht von vornherein der Anfang meines Lebens in den Mittelpunkt, sondern der Mensch, der ich jetzt bin; erst in nachgeordneter Linie frage ich erinnernd nach meinen Anfängen.

Wann aber entstand das Weihnachtsfest und warum? Sicher hat dies zunächst seelsorgliche (praktische) und dann erst theologische (grundsätzliche) Gründe: Die frühe Kirche mußte im Zuge ihrer Ausbreitung auf der einen Seite in den weit verbreiteten und sehr volkstümlichen heidnischen Bräuchen und Auffassungen Wurzeln fassen (und sich zugleich abgrenzen, um diese Traditionen von innen her zu durchdringen und dann umzukrempeln), auf der anderen Seite aber ihren Wurzeln im Alten Bund in gewisser Weise treu bleiben; zum dritten war es notwendig, das Neue des Bekenntnisses zum menschgewordenen, gestorbenen und auferstandenen Jesus Christus in das „Vorhergehende" einzugliedern, darin zu begründen und doch zugleich „dagegen" als überraschend anderes, Neues und Einzigartiges hervorzuheben.

Das heidnische Element: Am 25. Dezember feierte (nicht nur) das römische Reich das Fest der Wintersonnenwende, das Fest der Geburt des Gottes Mithras, des Sol invictus, des „unbesiegbaren Sonnengottes". Diesem weihte Kaiser Aurelian im Jahre 275 einen eigenen Tempel, machte dieses Fest zu einem wahren Volksfest und diesen Kult zu einer Volksverehrung. Zum Ziel hatte er, seinem Reich, das auseinanderzudriften drohte, dadurch neuen Halt zu geben.
Später kam noch etwas anderes hinzu: Im Jahre 312 entbrannte der Konkurrenzkampf der römischen Cäsaren aufs erbittertste; es kam zur kriegerischen Auseinandersetzung: Cäsar Konstantin hatte in der Nacht vor der entscheidenden Schlacht an der Milvischen Brücke bei Rom einen Traum: Allen Fahnenzeichen des „Sol invictus" wollte er ein Kreuzes-Zeichen beigeben; dies tat er, und

er siegte. Im Jahre 313 gab Konstantin – inzwischen Kaiser des römischen Reiches – den Christen im Toleranzedikt zu Mailand die Freiheit.
Für die römische Christengemeinde war es nun eigentlich recht leicht, diesem Geburtstag des unbesiegbaren Sonnengottes ein Geburtsfest der wirklichen Sonne, des wahrhaft lebenspendenden Lichts, entgegenzusetzen: des in der Auferstehung am Ostermorgen zu neuem, anderem Leben geborenen wirklichen Lebens. Ihr Herr, so die vergrabene Katakombengemeinde von Rom, ist mehr Sonne und Leben als alle anderen Götter und Götzen: Christus ist das wahre, unüberbietbare Licht, das einzig und allein Leben schenkt, das dauerhaft ist. Das Ostermotiv ist mehr als deutlich.

Das jüdische Element: In der jüdisch-alttestamentlichen Tradition wird der 25. März als erster Schöpfungstag gefeiert (Tag des Frühlingsanfangs, Neubeginn des Lebens). Die Christen hatten es auch hier leicht, auf diesen Termin das Fest der „Verkündigung des Herrn“ an Maria zu legen – beginnt doch ihrer Auffassung nach hier die eigentliche Neuschöpfung jeglichen Lebens. Genau neun Monate später – dem ganz natürlichen, in der Schöpfungsordnung Gottes vorgesehenen Rhythmus entsprechend – wird die Geburt der neuen Schöpfung gefeiert: das Manifestwerden der wunderbaren geistgewirkten Empfängnis in der konkreten Geburt Jesu Christi.
Nach der Erschaffung von Welt und Menschen ist das die höchste und größte Tat Gottes – Menschwerdung und Auferweckung des Gottessohnes: Alles wird dadurch grundsätzlich und endgültig anders.

Weihnachten – so wird hier am Anfang wohl deutlich – hat nicht zuerst das kleine Kind in der Krippe im Mittelpunkt des Interesses, sondern den „erwachsenen“, auferstandenen, jetzt bei Gott und zugleich bei uns lebenden Jesus Christus. Jetzt wird das Anliegen des ältesten Evangelisten – Markus – deutlich, der keine Kindheitsgeschichte dieses Jesus von Nazaret kennt, wohl aber die erste Zusammenfassung der Passion überliefert und als Anfang des Wirkens Jesu die Botschaft, um die es einzig und allein geht: „Die Zeit ist erfüllt, das Reich Gottes ist nahe. Kehrt um, und glaubt an das Evangelium Gottes“ (Mk 1,15).

Der Zusammenhang zwischen Geburt, Leben, Leiden, Sterben und Auferweckung des Gottessohnes Jesus Christus wird deutlich wie nie zuvor. Daß das Weihnachtsfest – recht begangen – ein „kleines“ Osterfest ist, wird einsichtig. Weihnachten erscheint in einem anderen Licht – im Licht des Auferstandenen: In ihm ist alles Vorhergehende überholt, alles Vorangehende eingeholt. Das absolut Neue, das Leben schlechthin, hat hier und jetzt begonnen. Größeres und Besseres kommt nicht mehr.

Thesenblatt

1. Zuerst beschäftigt die ersten Christen das qualvolle Sterben, das Niederschlagen jeglicher Hoffnung und die überraschende Wende in der Auferweckung Jesu Christi; die Frage nach dem Anfang des Lebens Jesu stellt sich erst später.

2. Die ersten Christen müssen sich verwurzeln (um sich zugleich dagegen abzugrenzen) in dem damals volkstümlichen, jedoch heidnischen Kult des „Sol invictus“, des unbesiegbaren Sonnengottes. Dem setzten sie den auferstandenen Jesus Christus als die eigentliche Sonne, als Weg, Wahrheit und Leben entgegen.

3. Zugleich mußten sich die ersten Christengemeinden in ihre Vergangenheit einordnen – in die Tradition des Alten Bundes: Der Tag der Menschwerdung Gottes wurde so entsprechend dem Tag der Erschaffung von Welt und Menschen zum Tag der Neuschöpfung durch Gott.

4. Jetzt beginnt (begann) etwas absolut Neues, Wirkliches, Wahrhaftiges: Gott alles in allem. Und genau das verkörpert im wirklichen Sinn des Wortes der Menschgewordene, Getötete und Auferweckte.

Die Menschwerdung Gottes wird vielfältig bezeugt

Die ältesten Weihnachtsbekenntnisse

Aus dem Brief des Apostels Paulus an die Galater (Gal 3,26-4,7)

3,26 Ihr seid alle durch den Glauben Söhne Gottes in Christus Jesus.

27 Denn ihr alle, die ihr auf Christus getauft seid, habt Christus (als Gewand) angelegt.

28 Es gibt nicht mehr Juden und Griechen, nicht Sklaven und Freie, nicht Mann und Frau; denn ihr alle seid „einer“ in Christus Jesus.

29 Wenn ihr aber zu Christus gehört, dann seid ihr Abrahams Nachkommen, Erben kraft der Verheißung.

4,1 Ich will damit sagen: Solange der Erbe unmündig ist, unterscheidet er sich in keiner Hinsicht von einem Sklaven, obwohl er Herr ist über alles;

2 er steht unter Vormundschaft, und sein Erbe wird verwaltet bis zu der Zeit, die sein Vater festgesetzt hat.

3 So waren auch wir, solange wir unmündig waren, Sklaven der Elementarmächte dieser Welt.

4 ALS ABER DIE ZEIT ERFÜLLT WAR,
SANDTE GOTT SEINEN SOHN,
GEBOREN VON EINER FRAU UND DEM GESETZ UNTERSTELLT,

5 DAMIT ER DIE FREIKAUFE,
DIE UNTER DEM GESETZ STEHEN,
UND DAMIT WIR DIE SOHNSCHAFT ERLANGEN.

6 Weil ihr aber Söhne seid, sandte Gott den Geist seines Sohnes in unser Herz, den Geist, der ruft: Abba, Vater.

7 Daher bist du nicht mehr Sklave, sondern Sohn; bist du aber Sohn, dann auch Erbe, Erbe durch Gott.

Aus dem Brief des Apostels Paulus an die Philipper (Phil 2,5-11)

5 Seid untereinander so gesinnt, wie es dem Leben in Christus entspricht:
6 Er war Gott gleich,
hielt aber nicht daran fest, wie Gott zu sein,
7 SONDERN ER ENTÄUSSERTE SICH
UND WURDE WIE EIN SKLAVE
UND DEN MENSCHEN GLEICH.
SEIN LEBEN WAR DAS EINES MENSCHEN;
8 er erniedrigte sich
und war gehorsam bis zum Tod,
bis zum Tod am Kreuz.
9 Darum hat ihn Gott über alle erhöht
und ihm den Namen verliehen,
der größer ist als alle Namen,
10 damit alle im Himmel, auf der Erde und unter der Erde
ihre Knie beugen vor dem Namen Jesu
11 und jeder Mund bekennt:
„Jesus Christus ist der Herr" –
zur Ehre Gottes, des Vaters.
(Vgl. Kol 1,12-20.)

Aus dem ersten Brief des Apostels Paulus an Timotheus
(1 Tim 3,16)

Wahrhaftig, das Geheimnis unseres Glaubens ist groß:
Er wurde offenbart im Fleisch,
gerechtfertigt durch den Geist,
geschaut von den Engeln,
verkündet unter den Heiden,
geglaubt in der Welt,
aufgenommen in die Herrlichkeit.
(Vgl. 1 Tim 2,5-6 [7] und 2 Tim 2,10-13.)

Aus dem Brief des Apostels Paulus an Titus (Tit 2,11)

DENN DIE GNADE GOTTES IST ERSCHIENEN, UM ALLE MENSCHEN ZU RETTEN.
(Vgl. Tit 2,12-15, vor allem 14; 3,1-8, vor allem 4-5, und 1 Petr 3,18.)

Zu den ältesten Weihnachtsbekenntnissen

Zu Gal 4,4–5

In der Formulierung „geboren von einer Frau und dem Gesetz unterstellt" ist das ganze Schicksal Jesu Christi ausgedrückt. „Geboren von einer Frau": Gott ist ganz und gar in die menschliche Existenz „eingestiegen", gerade auch in ihre Unwägbarkeit, Dunkelheit und Lebensbedrohung. Er liefert sich aus. Er begibt sich in alle Hilflosigkeit eines nackten Neugeborenen. Übrigens will der Evangelist Lukas wohl dasselbe ausdrücken mit dem Zusatz: sie (Maria) wickelte ihn (Jesus) in Windeln – sind doch die Windeln die konkrete Manifestation menschlicher Hilflosigkeit und des Angewiesenseins auf einen anderen Menschen.

„Dem Gesetz unterstellt": Das ist sehr vielsinnig gesagt, aber alles, was man darunter verstehen kann, unterstreicht das Leben Jesu. Gott hat sich in Jesus Christus dem Gesetz des menschlichen Lebens unterstellt – eben als der „von einer Frau geborene" Mensch: Er untersteht dem Gesetz des Lebens, des Wachsens und Vergehens, des Scheiterns (ausgenommen die Sünde) und Gelingens, der Erfahrungen von Schmerz, Freude, Trauer, Glück; auch sterben wird er – sonst wäre er nicht wirklicher Mensch. „Dem Gesetz unterstellt" heißt – noch konkreter –, daß Gott in einer bestimmten Zeit, einer bestimmten Umwelt, in bestimmten soziokulturellen Zusammenhängen, vor allem in bestimmten religiösen Zusammenhängen zur Welt kommt: Er, Jesus von Nazaret, wird ganz und gar Jude, dem Gesetz Mose unterstellt: Er wird in den Tempel nach Jerusalem gebracht, beschnitten, erzogen wie jedes jüdische Kind damals; die Bücher des Alten Testaments werden seine Lehrbücher, aus denen er Leben und Glauben lernt; die reichen Gebete des Judentums sind seine täglichen Gebete; er wird ein Bar Mizwa (Religionsmündiger) mit dreizehn Jahren und vieles mehr.

Aber zutiefst klingt in „dem Gesetz unterstellt“ schon sein Tod an: „Wir haben ein Gesetz, und nach diesem Gesetz muß er sterben, weil er sich als Sohn Gottes ausgegeben hat“ (Joh 19,7).
Im Jubel über seine Geburt klingt schon die Klage über seinen grausamen Tod mit. Sind nicht die Ablehnung und Ausweisung auf die Felder von Betlehem, in die kalte Höhle, die ganze Armseligkeit und Verlassenheit seiner Geburt (nach Lukas), ein ebenso deutlicher Hinweis bereits am Anfang auf sein Ende?

Da ist der Mensch, von einer Frau geboren, dem Gesetz unterstellt, von diesem Zeitpunkt an schon dem Sterben unterworfen, unweigerlich auf das Ende fixiert, unaufhaltsam auf den Tod zueilend. Ja, das ist der Mensch. Aber es endet anders: „aufgenommen in die Herrlichkeit“ (1 Tim 3,16). So sehr „Fleisch“ und „Gesetz“ vorzuherrschen scheinen, so sehr gilt Gottes Gesetz – die Liebe und das Leben um jeden Preis, gerade auch um den Preis der Menschwerdung und des Sterbens Jesu Christi, mit dem er uns freikaufte (Gal 4,5). Auch hier ist also das Weihnachtsbekenntnis in den großen Zusammenhang des Heilswillens Gottes gestellt: Menschwerdung und Geburt sind von Tod und Auferstehung nicht zu trennen. Damit wird das „Ergebnis“ des Blickes auf die Entstehung des Weihnachtsfestes bestätigt: Es ist ein (vorweggenommenes) Osterfest. Trennen jedenfalls kann man die beiden Feste nicht.

So kann man für die frühesten Weihnachtsbekenntnisse zusammenfassend festhalten:

1. Die „Einzelheiten“ spielen keine Rolle: weder wird der Name der Mutter Maria genannt, noch werden Ort und Datum der Geburt erwähnt. Es geht nicht um Biographie, sondern um Bekenntnis.

2. Der (oft drastisch dargelegte) Zusammenhang von Geburt –

Menschwerdung und Kreuzestod ist durchgängig da – ebenso wie das Bekenntnis: Jesus Christus – menschgewordener Gottessohn, ausgeliefert, getötet – ist auferstanden!

3. Immer kommt das eigenhändige Handeln, das Eingreifen Gottes zum Ausdruck: Er hat alles im Griff – die Zeit der Geburt, des Todes und der Auferweckung.

4. Bei all dem Geschehen geht es um uns, der Menschen (unser aller) Heil, Erlösung, Befreiung, Leben (wie immer man das nennen mag): „*damit* er die freikaufe, die unter dem Gesetz stehen, und *damit* wir die Sohnschaft erlangen" (Gal 4,5); „*damit* alle im Himmel, auf der Erde und unter der Erde ihre Knie beugen vor dem Namen Jesu und jeder Mund bekennt: Jesus Christus ist der Herr – zur Ehre Gottes, des Vaters" (Phil 2,10–11); „*damit* alle Menschen gerettet werden" (Tit 2,11).

Nach Paulus hängt das alles nicht einfach „in der Luft", sondern im Heilsplan Gottes: „Als aber die Zeit erfüllt war, sandte Gott seinen Sohn…, damit er die freikaufe, die unter dem Gesetz stehen, und damit wir die Sohnschaft erlangen" (Gal 4,4–5). Es geht also um Gottes Sorge *für uns.* Es geht um uns. *Sein Abstieg* ist *unser Aufstieg.* Sein Unterordnen ist unser Loswerden (Erlösung). Sein Tod ist unser Leben (mit ihm). Seine Liebe ist unsere einzige Hoffnung. Damit ist in dem einen Satz Gal 4,4–5 alles zusammengefaßt.

Zu Phil 2,6–11

In diese Botschaft reihen sich auch die anderen paulinischen Zeugnisse vom Bekenntnis zur Menschwerdung Gottes ein, z. B. der sogenannte Philipper-Hymnus (Phil 2,6–11): Hier wird die Weihnachtsbotschaft ohne alle Idylle erschreckend deutlich auf das Kreuz konzentriert: Er „entäußerte sich und wurde wie ein Sklave und den Menschen gleich". Die Parallelen zu Gal 4,4 sind deutlich: „Geboren von einer Frau" – „den Menschen gleich" – „wie ein Sklave" – „dem Gesetz unterstellt". Ja, der Tod am Kreuz wird hier gar beim Namen genannt. Eine wahrhaft harte Weihnachtsbotschaft: ein Kreuzweg, der schon bei der schmerzhaften Entäußerung seiner selbst, beim Austausch von „Gottesgestalt“ durch „Knechtsgestalt“ seinen Anfang nimmt. Aber auch das ist – wie bei Gal 4,4 – nicht einfach so geschehen, sondern ausdrücklich Gottes Wille. Deshalb wird Erhöhung, also Auferstehung zu immerwährendem Leben immer gleich mitgesagt; darin mündet dieser Weg immer ein. Und es ist auch unsere Erlösung mitgesagt – allein im Bekenntnis zu diesem Jesus bestehen unser Heil und Leben. Die durchaus recht ernüchternde, harte, kalte Höhle in Betlehem und die Herbergslosigkeit der Weihnachtsbotschaft (der Menschensohn aber hat keinen Ort, wo er sein Haupt hinlegen kann: Mt 8,20) sind in den unaufgebbaren Zusammenhang von Kreuz und Auferweckung gestellt. Das also ist es wohl: Kreuz und Auferstehung sind nicht zu trennen von der Geburt; Ostern und Weihnachten gehören untrennbar zusammen: Sie begründen unser Leben – einzig und allein.

Zu 1 Tim 3,16

„Offenbart im Fleisch“ – so beginnt dieses „Glaubensbekenntnis“ und stimmt damit ein in das gemeinsame neutestamentliche Bekenntnis der Urkirche, daß Gott Mensch geworden ist. Im Wort vom „Fleisch“ – es kehrt im Johannes-Evangelium wieder – klingt das Gesetz des Sterbens schon mit. Denn „Fleisch“, das ist – vor allem in den Landstrichen, in denen Absender und Adressaten des Timotheus-Briefes leben – gleichbedeutend mit Verwesung, Ende, Tod.

Die Entstehung des Neuen Testaments

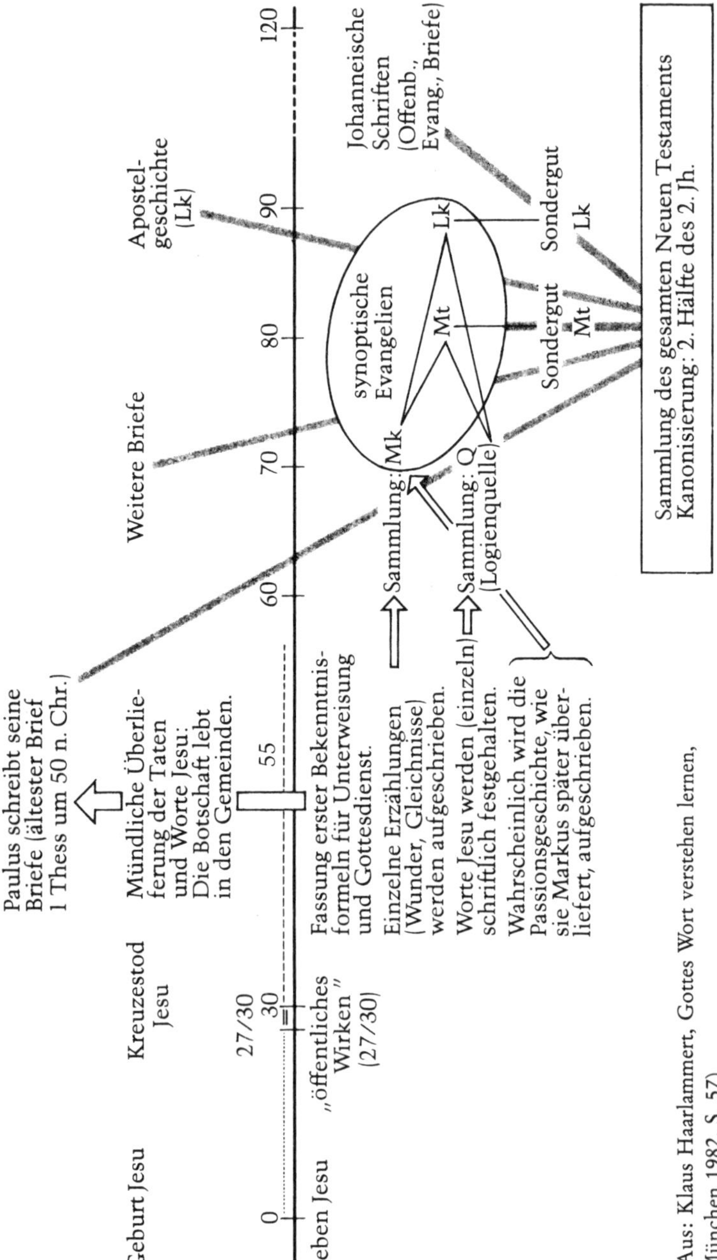

(Aus: Klaus Haarlammert, Gottes Wort verstehen lernen, München 1982, S. 57)

Die Botschaft von der Menschwerdung Gottes wird in den Evangelien unterschiedlich bezeugt

Die Kindheitsgeschichte und ihre unterschiedliche Überlieferung

Mt 1,1–2,23	Lk 1,5–2,52
Stammbaum Jesu (1,1–17)	Parallelität: Verheißung Johannes des Täufers (1,5–25) und
Huldigung der Sterndeuter (2,1–12)	Verheißung der Geburt Jesu (1,26–38)
	Besuch Marias bei Elisabet/Magnificat (1,39–56)
Flucht nach Ägypten (2,13–15)	Geburt des Täufers/Benedictus (1,57–80)
Kindermord in Betlehem (2,16–18)	Zeugnis des Simeon und der Hanna über Jesus – Darstellung Jesu im Tempel (2,21–40)
Rückkehr aus Ägypten (2,19–23)	Der zwölfjährige Jesus im Tempel (2,41–52)

Gemeinsam ist das Evangelium von der Geburt Jesu Christi: Mt 1,18–25/Lk 2,1–20.

Und diese beiden Zeugnisse weisen wieder Unterschiede und Gemeinsamkeiten auf.

Markus und auch Johannes beginnen ihr Evangelium mit dem erwachsenen Jesus von Nazaret, mit seinem Heraustreten aus der Wachstumsgeschichte (ohne das zu artikulieren) und dem Beginn seines öffentlichen Auftretens (Taufe, Zeugnis Johannes des Täufers).

Das Geburtsevangelium bei Matthäus und Lukas

Gemeinsamkeiten

1. Die eigentliche Nachricht von der Geburt Jesu reduziert sich auf das Allernotwendigste: „Er erkannte sie aber nicht, bis sie ihren Sohn gebar. Und er gab ihm den Namen Jesus" (Mt 1,25).
   „Als sie dort waren, kam für Maria die Zeit ihrer Niederkunft, und sie gebar ihren Sohn, den Erstgeborenen. Sie wickelte ihn in Windeln und legte ihn in eine Krippe, weil in der Herberge kein Platz für sie war" (Lk 2,6–7).

2. Jesus ist wirklicher Mensch, geboren von einer Frau (Windeln).

3. Jesus ist wirklicher Gott (geistgewirkte Zeugung in der Jungfrau Maria, Ankündigung durch einen Boten Gottes, Vorgabe des Namens als „Programm" – „Er rettet sein Volk" –, ausdrückliche Verankerung in den Messiasverheißungen des Alten Testaments).

4. Von Beginn an steht das (irdische) Leben Jesu in der Wirklichkeit des Mißverstehens, des Verfolgens, der Heimatlosigkeit (kein Platz in einer Herberge; Weissagung des Simeon; Flucht nach Ägypten; Kindermord in Betlehem).

5. Von Anfang an werden als „Adressaten" der Heilsbotschaft die Niedrigen, Armen, Ausgestoßenen, Fremden genannt (Hirten, Heiden).

6. Das Bekenntnis der Menschwerdung macht auch von Beginn an deutlich: Das Reich Gottes ist angebrochen, unweigerlich und unaufhaltsam wird etwas ganz Neues, Noch-nie-Dagewesenes, Nächstenliebe, Friede und Heil – schon hier und jetzt, vollendet und endgültig aber dann, wenn das Reich Gottes in seiner ganzen Höhe und Tiefe, Weite und Breite Wirklichkeit wird, wenn Gott alles in allem ist.

Unterschiede

Matthäus	*Lukas*
– Die Botschaft von der Geburt Jesu ist „zusammenkomponiert“ mit der Ankündigung der Geburt.	– Eigene Erzählung von der Geburt Jesu, zusammen mit der Verkündigung an die Hirten.
– Die Geburt Jesu wird dem Josef angekündigt.	– Die Geburt wird Maria verheißen.
– Maria und Josef bleiben „stumm“.	– Maria gibt bewußt ihr Ja-Wort, Josef kommt kaum vor.
– Namensgebung durch Josef.	– Namensgebung durch Maria.
– Ein Engel erscheint im Traum.	– Der Engel kommt zu Maria, sie sprechen miteinander.
– Die Botschaft ergeht an die „Sterndeuter“ (Heiden).	– Die Botschaft erfolgt an die Hirten (Verachtete).

Gottes Leben für uns

Betrachtung zum Bild „Christus am Kreuz – Maria mit dem Kind" von Marc Chagall, Chorfenster der St.-Stephans-Kirche in Mainz

Christus – übergroß erhöht am Kreuz.
Maria – das kleine Kind auf dem Arm.
So hat Marc Chagall den entscheidenden, dichtesten Punkt der Heilsgeschichte Gottes mit uns Menschen dargestellt – in einem Bild: Verkündigung und Menschwerdung, Tod und Auferstehung. Zweifellos muß dies auch zusammengehören. Erst so können wir das Erregende dieses Heilsereignisses Jesus Christus zumindest erahnen.
Doch müssen wir das Bild „teilen", Stück um Stück anschauen, um die große Wirklichkeit zu sehen. Schritt für Schritt nur können wir uns behutsam an das große Geheimnis herantasten. Vielleicht bleibt es ein Suchen, vielleicht öffnet sich auch diese Wirklichkeit für uns – diese heilschaffende Wahrheit, für die das Bild Gleichnis ist: Gottes Leben für uns.
Verkündigung und Geburt hat Chagall zu einer Szene verdichtet (links unten): Menschwerdung Gottes. Der Engel, Bote Gottes, kommt gleichsam aus dem durch das Fenster hindurchstrahlenden Licht zu Maria – aus dem lichten Blau, Farbe des Himmels und der Unendlichkeit. Nur Konturen heben den Engel aus dem himmlischen Blau hervor – im Gegensatz zu den anderen Engeln dieses Fensterausschnitts: Bild für den Übergang von gestaltloser Göttlichkeit zu körperlichem Menschsein, Gleichnis für Menschwerdung Gottes? Der Engel zeigt: Hier geschieht Gottes Geschichte, ereignet sich Gottes Heil. Gott kommt auf die Menschen zu. Das Leben, das hier gezeugt ist und wächst, kommt von Gott, nicht von Menschen: Leben, von Heiligem Geist gewirkt, Sohn des Höchsten.
Das Kind ist geboren. Maria steht da und hält es auf dem Arm. Das Kind klammert sich an seine Mutter: ganz und gar Mensch. Und doch auch ganz und gar Gott. Die goldgelbe Farbe in der Gestalt Marias weist wieder darauf hin: Das Leben, das aus ihr geboren wurde, hat göttlichen Ursprung. Goldgelb ist die Farbe der Göttlichkeit. In der Gestalt Christi am Kreuz kehrt sie wieder.

Maria schaut nicht auf das Kind, sondern den Betrachter an: Mitleid für uns Menschen, Fürbitte? Ihr Gesicht ist hell, das göttliche Licht widerstrahlend, das die dunkle Welt erhellt: Licht der Welt als christliche Existenz, strahlende, erlöste Menschen verkünden die Heilsbotschaft. Zugleich aber drückt Marias Gesicht Sorge aus: Ihr Sohn ist der, an dem sich die Geister scheiden. Ihr Sohn geht einen Weg, der am Kreuz endet. Seine Nachfolge ist Kreuzesnachfolge. Ohne das Kreuz ist auch das Ereignis der Geburt nur die Hälfte. Der Weg Gottes von seiner Göttlichkeit zur Menschwerdung ist die eigentliche Erniedrigung, Entäußerung, die am Kreuz zu ihrem sichtbaren Höhepunkt kommt. Maria ist Beispiel dafür, daß ein solcher Glaube, der wie der ihre vorbehaltlos ja zu Gottes Willen sagt und dieses Ja auch durchhält, Leid und Schmerz einschließt: das Schwert wird ihre Seele durchdringen.
Dennoch bleibt es nicht dabei. Jesus ist der Christus, Gottes Sohn, der die Menschen erlöst, durch Sterben und Kreuz von Tod und Sünde befreit. Sein Leben setzt sich in das auferstandene Leben hinein fort – ganz neu in Gottes Ewigkeit. Sein Leben, total verwurzelt in Gott – radikal –, wächst wie ein Baum in Gott hinein. Das Kreuzesholz trägt Knospen neu aufbrechenden Lebens. Der Ostermorgen strahlt überall durch. Vielleicht ist der Baum, den Chagall zur Marienszene hinzugemalt hat, ein Gleichnis für das stetige Hineinwachsen in Gott – Baum des Lebens; vielleicht steht er auch für den „Stammbaum" Christi, der wiederum für die Konsequenz der Treue Gottes von Anfang an zeugt.
In der rechten Hälfte des Fensterausschnitts hat Marc Chagall Christus am Kreuz dargestellt. Christus ist übergroß, überlebensgroß. Das Heilsereignis der Menschwerdung Gottes ist noch übertroffen durch den Tod am Kreuz, durch den absoluten Glaubensgehorsam Christi. Das Ja Marias zu Gottes Willen ist übertroffen durch das Ja Jesu Christi zum Willen des Vaters.
Da ist das Kreuz, dieses uralte grausame Marterholz, an dem schon Tausende und Abertausende von Menschen gestorben sind, qualvoll, allein, verhöhnt und verspottet. Es mußte einer kommen, der all dieses Leid und alle Schuld dazu auf sich nimmt, den Schuldschein der Menschheit ans Kreuz heftet. Es mußte aber einer sein, der nicht am Kreuz endet und nicht im Tod gefangen bleibt. Das ist Jesus Christus, der Gottesknecht, der leidet und

stirbt, den aber Gott aus dem Tod herausholt. Christus überlebt das Kreuz, den Tod. Das Goldgelb der Göttlichkeit in seiner Gestalt am Kreuz zeigt, welche Qualität dieses neue Leben hat: Göttlichkeit, Ewigkeit. Christus selbst ist nicht als Toter am Kreuz, mit durchhängenden Armen, auf die Brust gesunkenem Kopf, in sich leblos zusammengesackt. Nein, er steht aufrecht am Kreuz. Er schaut lebendig den Betrachter an, als ob er sagen wollte: Seht, das ist für euch, das ist euer Leben. Seine Arme sind kraftvoll durchgestreckt. All das zeigt, daß er lebt. Tod am Kreuz und Auferstehung sind in einem Punkt verdichtet. Beides gehört zusammen, untrennbar: Das eine allein würde zu hoffnungslosem Pessimismus führen, lebenslähmend, tödlich; das andere allein zu erdabgewandter, bodenloser Schwärmerei.

Christus lebt. Die drei Engel unterstreichen dies. Ein Engel (links oben) trägt einen großen Strauß mit blühenden Zweigen und Blumen herbei – Zeichen der Freude, des Sieges, des Danks, Zeichen für Fülle, für Leben in Fülle, vollkommene Freude. Glück-Wunsch. Wunsch zu vollkommenem Glück ewigen Lebens bei Gott. Wunsch zu wunschlosem Glück. Die beiden oberen Engel kommen gleichsam aus den anderen Fenstern hinzu: Die anderen Fenster zeigen die Geschichte der Menschheit von Anfang an – als Heilsgeschichte Gottes mit uns Menschen. Sie zeigen den Weg Gottes, der zu Christus hinführen muß. Heilsgeschichte von Anfang an ist jetzt erfüllt: Der Messias, angekündigt durch die Propheten, ist geboren: Jesus Christus. Das Heil ist da. Ehre sei Gott in der Höhe: Die „Luft" ist voll von diesem Jubelgesang. Das Fenster strahlt Fröhlichkeit, Hoffnung, Freude aus: Dieser Jesus Christus ist wahrhaft Gottes Sohn. Das Kreuz geht in das Fensterglas über – blau in blau. Ähnlich wie bei der Gestalt des Engels der Verkündigung: Da trat Gott in die Welt ein, als Mensch, hier tritt er ganz in die göttliche Existenz ein, ohne aber je das eine oder andere zu verlieren. Das Kreuz ist nicht mehr das Marterholz, sondern ein Siegeszeichen, verherrlicht durch den Herrn der Welt, durch Jesus Christus. Zeichen auch für christliche Existenz: Sie geht den Kreuzweg, Ziel aber ist der Sieg über Sünde und Tod. Ziel ist Gott, Leben bei Gott.

Die Leiter, die am Kreuz steht, ist nun nicht mehr die Leiter zur Abnahme des Leichnams vom Kreuz. Er lebt ja. Jetzt ist sie „Himmelsleiter" – sie kommt aus den Menschen (unten rechts) und ragt hinter dem Kreuz in das Blau des Himmels. Sie steht für uns zum Aufstieg zu Gott bereit. Der Aufstieg geht über das Kreuz, aber zu Gott. Die Menschen unten sind die, die an Christus und seiner Botschaft zweifeln und verzweifeln, die ihn ablehnen, verurteilen und seine Kleider verspielen. Ihr Leben haben sie nicht verspielt: Christus rettet auch sie – göttliche Liebe in Vollendung.

Christus ist ans Kreuz erhöht, dieses kleine Stückchen, qualvoll entfernt von der Erde, noch qualvoller dieses große Stück weg vom Himmel. Hier – zwischen Himmel und Erde, von Gott und Menschen verlassen – geschieht die Erlösung. Christus wird von Gott erhöht in den Himmel hinein, in göttliches Leben. Hoch erhoben ist er jetzt, erhaben über alles, und dennoch ganz in menschlicher Nähe. Erlösung ist die Verbindung von Himmel und Erde.

Das Gesicht Jesu Christi am Kreuz trägt – wenn man die Bilder Chagalls kennt – bekannte Züge: Es ist das Gesicht von Chagalls Vater. Vielleicht ein Hinweis darauf, daß er, Christus, uns zu Söhnen und Töchtern Gottes gemacht hat, die jetzt zu Gott Abba sagen dürfen, jenes Kosewort unendlicher Liebe und Zärtlichkeit, jenes Wort engster Bindung zwischen Eltern und Kind; Bild für die „Blutsbande“ ewigen Lebens, die uns mit Gott verbinden. Vielleicht auch ein Bild dafür, daß Gott uns in allernächster Nähe begegnen will, in den Menschen um uns, nahe bei uns. Gott ist bei uns, er ist kein toter und ferner Gott.

Gott hat dies gewirkt. Wir sind erlöst, befreit, gerufen zu seinem Leben, von ihm unendlich geliebt. Unsere Antwort darauf kann nur wieder die Liebe sein: die Liebe zu Gott, denn er hat uns zuerst geliebt. Die Liebe zu Gott aber geht über die Menschen, über die nächsten Menschen, in denen uns Gott begegnet. Die Verbindung, die Gott zu uns hat, halten wir, wenn wir auf ihn antworten, seinen Willen tun: Liebt einander, wie ich euch geliebt habe! Die Gabe ist zugleich Aufgabe. Jeder wird in seinem Alltag die Spuren Gottes erkennen können und den Anspruch Gottes aufnehmen müssen. Das ist der Heils-Weg zu Gott.

Zur vierten Veranstaltung

Die Weihnachtsbotschaft nach Lukas

	Lk 2,1–21	?	!	→
1	In jenen Tagen erließ Kaiser Augustus den Befehl, alle Bewohner des Reiches in Steuerlisten einzutragen.			
2	Dies geschah zum erstenmal; damals war Quirinius Statthalter von Syrien.			
3	Da ging jeder in seine Stadt, um sich eintragen zu lassen.			
4	So zog auch Josef von der Stadt Nazaret in Galiläa hinauf nach Judäa in die Stadt Davids, die Betlehem heißt; denn er war aus dem Haus und Geschlecht Davids.			
5	Er wollte sich eintragen lassen mit Maria, seiner Verlobten, die ein Kind erwartete.			
6	Als sie dort waren, kam für Maria die Zeit ihrer Niederkunft,			
7	und sie gebar ihren Sohn, den Erstgeborenen. Sie wickelte ihn in Windeln und legte ihn in eine Krippe, weil in der Herberge kein Platz für sie war.			
8	In jener Gegend lagerten Hirten auf freiem Feld und hielten Nachtwache bei ihrer Herde.			
9	Da trat der Engel des Herrn zu ihnen, und der Glanz des Herrn umstrahlte sie. Sie fürchteten sich sehr,			
10	der Engel aber sagte zu ihnen: Fürchtet euch nicht, denn ich verkünde euch eine große Freude, die dem ganzen Volk zuteil werden soll:			
11	Heute ist euch in der Stadt Davids der Retter geboren; er ist der Messias, der Herr.			

	Lk 2,1–21	?	!	→
12	Und das soll euch als Zeichen dienen: Ihr werdet ein Kind finden, das, in Windeln gewickelt, in einer Krippe liegt.			
13	Und plötzlich war bei dem Engel ein großes himmlisches Heer, das Gott lobte und sprach:			
14	Verherrlicht ist Gott in der Höhe, und auf Erden ist Friede bei den Menschen seiner Gnade.			
15	Als die Engel sie verlassen hatten und in den Himmel zurückgekehrt waren, sagten die Hirten zueinander: Kommt, wir gehen nach Betlehem, um das Ereignis zu sehen, das uns der Herr verkünden ließ.			
16	So eilten sie hin und fanden Maria und Josef und das Kind, das in der Krippe lag.			
17	Als sie es sahen, erzählten sie, was ihnen über dieses Kind gesagt worden war.			
18	Und alle, die es hörten, staunten über die Worte der Hirten.			
19	Maria aber bewahrte alles, was geschehen war, in ihrem Herzen und dachte darüber nach.			
20	Die Hirten kehrten zurück, rühmten Gott und priesen ihn für das, was sie gehört und gesehen hatten; denn alles war so gewesen, wie es ihnen gesagt worden war.			
21	Als acht Tage vorüber waren und das Kind beschnitten werden sollte, gab man ihm den Namen Jesus, den der Engel genannt hatte, noch ehe das Kind im Schoß seiner Mutter empfangen wurde.			

Die Geburtsgeschichte nach Lukas
(Lk 2,1-20)

Der Text läßt sich in zwei eigene Abschnitte unterteilen: in den recht knappen und sehr sachlich gehaltenen Bericht von der Geburt Jesu (Lk 2,1-7) und die dramatische, ausführliche Erzählung von der Botschaft der Engel an die Hirten – eine Verkündigungsgeschichte (Lk 2,8-20).

Der Bericht von der Geburt Jesu (Lk 2,1-7)

„In jenen Tagen erließ Kaiser Augustus den Befehl, alle Bewohner des Reiches in Steuerlisten einzutragen. Dies geschah zum erstenmal; damals war Quirinius Statthalter von Syrien. Da ging jeder in seine Stadt, um sich eintragen zu lassen“ (Lk 2,1-3).

Lukas beginnt also mit dem allgemein gehaltenen Hinweis auf den Befehl, jeder möge sich in die Steuerlisten eintragen lassen. Dies historisch einzuordnen, bereitet einige Schwierigkeiten: Zwar ist eine Steuererhebung im Jahre 6 nach Christus bekannt (gegen großen Widerstand der Juden, der sich „festmachte“ an der Gestalt Judas, des Galiläers; aus dem Widerstand ging die Partei der Zeloten hervor); auch Lukas erwähnt sie in seiner Apostelgeschichte („Volkszählung“ – Apg 5,37); da aber Jesus sicher in der Regierungszeit des berüchtigten Königs Herodes geboren wurde (Mt 2,1; Lk 1,5), dieser aber im Jahre 4 vor Christus starb, muß die bei Lk 2,1-3 erwähnte Steuererhebung bzw. Volkszählung einige Jahre vor dem Tod des Herodes stattgefunden haben, also etwa 12 Jahre früher als die Volkszählung des Jahres 6 nach Christus. Wie auch immer der Historiker damit zurechtkommt, so ist doch die Absicht des Lukas deutlich (der für mehr oder weniger kritische Heidenchristen schreibt) – er will die Geburt Jesu historisch verankern und damit gleich auch eine theologische Aussage machen: Gott wird in Jesus Christus wirklich und wahrhaft Mensch, denn er tritt ganz und gar in unsere Geschichte, in das Hier und Jetzt ein. Oder anders gesagt – mit dem ältesten Weihnachtsbekenntnis aus dem Galaterbrief: Er unterstellt sich völlig dem Gesetz der Geschichtlichkeit. Jesu Geburt ist ein historisches

Faktum, nicht etwa in mythologischen Welten schwebend, sondern verankert im Leben der Menschen, in Raum und Zeit.

„So zog auch Josef von der Stadt Nazaret in Galiläa hinauf nach Judäa in die Stadt Davids, die Betlehem heißt; denn er war aus dem Haus und Geschlecht Davids. Er wollte sich eintragen lassen mit Maria, seiner Verlobten, die ein Kind erwartete" (Lk 2,4-5).

Nachdem also der große historische Rahmen gegeben ist, ordnet Lukas nun Josef und Maria, zwei konkrete Menschen, darin ein: Sie müssen sich dort eintragen, wo der Mann herkommt. Josef stammt aus Betlehem, der Stadt Davids in Judäa, und dorthin muß er von Nazaret in Galiläa gehen, „denn er war aus dem Haus und Geschlecht Davids". Auch das dient der historischen Einordnung einerseits und der theologischen Aussage andererseits: Aus dem Haus Davids (das war der König, der das Reich der Israeliten einigte und zu ungeahnter Größe und Macht führte) kommt der Messias. Maria, die ein Kind erwartete, mußte mit Josef nach Betlehem. Nüchtern die Feststellung, doch dramatisch zugleich – hier wird schon das Risiko angedeutet, das Schwierige dieser Reise: Bereits auf dem Weg von Nazaret hinauf nach Betlehem ist der Kreuzweg von Jerusalem hinauf nach Golgotha vorgezeichnet. Wie in den ältesten Zeugnissen des Weihnachtsbekenntnisses ist auch hier der Zusammenhang zwischen Geburt und Tod, zwischen Krippe und Kreuz, unverkennbar. Das wird in den folgenden Versen des eigentlichen Berichts von der Geburt noch deutlicher.

„Als sie dort waren, kam für Maria die Zeit ihrer Niederkunft, und sie gebar ihren Sohn, den Erstgeborenen. Sie wickelte ihn in Windeln und legte ihn in eine Krippe, weil in der Herberge kein Platz für sie war" (Lk 2,6-7).

Die ganze Armseligkeit dieses Lebens Jesu von Nazaret wird auf drastische Weise deutlich: Irgendwo in Betlehem, ausgestoßen, ohne Ort und Zuhause, kommt er zum Leben; in Jerusalem, verraten, verspottet, gedemütigt, geschlagen, gemartert, kommt er zu Tode. All das aber erfährt eine überraschende Wende: gerade durch diesen armseligen „Lebenslauf" kommt Jesus als der Christus, der Messias, zum wahren Leben.

Auf einfache, konkrete, nüchterne Art und Weise wird berichtet; die Dramatik, Not und Sorge kann man nur ahnen. Maria kommt nieder: „und sie gebar ihren Sohn" (Paulus: „geboren von einer Frau"). Und sie tat das, was notwendig war, das Naheliegendste, Notwendigste: Sie wickelte ihn in Windeln und legte ihn in eine Krippe. Das heißt: Maria gab Gott einen Ort in dieser Welt – jedoch nicht den, der dem Herrn der Welt nach menschlichen Gedanken zusteht, sondern eigentlich einen Nicht-Ort, denn in einer Herberge (im Geborgensein, im Aufgehobensein) war kein Platz. Die Windeln – das wurde schon gesagt – weisen auf die absolute Hilflosigkeit, auf das völlige Angewiesensein auf andere Menschen hin: Gott gibt sich ganz in die Hände der Menschen, er wird ganz und gar einer von uns, Mensch wie wir. Mehr noch: Er wird der Ärmste der Menschen, und als solcher stirbt er auch – angenagelt an Händen und Füßen, verblutend aus dem Stich ins Herz. Der Zusammenhang von Krippe und Kreuz wird auch hier überdeutlich: Die Hilflosigkeit des in Windeln gewickelten und in eine Krippe gelegten Kindes und die Hilflosigkeit des ans Kreuz genagelten und durchbohrten Jesus sind gleich – im Ersten kündigt sich das Letztere bereits an.

Die Verkündigung an die Hirten (Lk 2,8-20)

„In jener Gegend lagerten Hirten auf freiem Feld und hielten Nachtwache bei ihrer Herde. Da trat der Engel des Herrn zu ihnen, und der Glanz des Herrn umstrahlte sie. Sie fürchteten sich sehr, der Engel aber sagte zu ihnen: Fürchtet euch nicht, denn ich verkünde euch eine große Freude, die dem ganzen Volk zuteil werden soll. Heute ist euch in der Stadt Davids der Retter geboren; er ist der Messias, der Herr. Und das soll euch als Zeichen dienen: Ihr werdet ein Kind finden, das, in Windeln gewickelt, in einer Krippe liegt. Und plötzlich war bei dem Engel ein großes himmlisches Heer, das Gott lobte und sprach:

> *Verherrlicht ist Gott in der Höhe,*
> *und auf Erden ist Friede*
> *bei den Menschen seiner Gnade.*

Als die Engel sie verlassen hatten und in den Himmel zurückgekehrt waren, sagten die Hirten zueinander: Kommt, wir gehen nach Betlehem, um das Ereignis zu sehen, das uns der Herr verkünden ließ. So eilten sie hin und fanden Maria und Josef und das Kind, das in der Krippe lag. Als sie es sahen, erzählten sie, was ihnen über dieses Kind gesagt worden war. Und alle, die es hörten, staunten über die Worte der Hirten. Maria aber bewahrte alles, was geschehen war, in ihrem Herzen und dachte darüber nach. Die Hirten kehrten zurück, rühmten Gott und priesen ihn für das, was sie gehört und gesehen hatten; denn alles war so gewesen, wie es ihnen gesagt worden war."

All das, was in dem knappen Bericht vorher gesagt wurde, kehrt als das Verbindende wieder: der Hinweis auf die Göttlichkeit, auf die Messianität Jesu, auf die Geburt in der Stadt (und dem Geschlecht) Davids, auf die Menschwerdung Gottes (Windeln und Krippe). Dennoch ist dieser Text in seiner Art anders: er ist Verkündigung, Predigt.

Im Mittelpunkt steht hier die Verkündigung: Der Bote Gottes (= Gott selbst) ordnet das Geschehen dieser Geburt ein, gibt ihm den rechten Sinn, weist auf die notwendigen Zusammenhänge. Das ist es auch, wonach die junge Gemeinde fragte: nicht nach dem Wie, sondern nach dem Wozu. Und genau darauf antwortet der Bote Gottes: Heute ist geboren der Retter, der Messias, der Herr. Das ist Grund genug zu absoluter Furchtlosigkeit und unbändiger Freude. Das „himmlische Heer" hat die Funktion des „Chores" der dramatischen Lieder übernommen, der diese Freudenbotschaft in einem alles übertreffenden Jubel emporhebt und gewissermaßen unabänderlich bestätigt, was da geschehen ist und was der Bote Gottes verkündet hat: Gott ist verherrlicht, und den Menschen ist Frieden gegeben. Der Himmel ist in diesem Augenblick auf die Erde gekommen. Gott hat sich in unübertreffbarer Liebe und Zärtlichkeit den Menschen zugeneigt. Es ist die glücklichste Stunde für die Welt und die Menschen, denn Gott ist greifbar nah, er ist da.

Hirten also sind es, die als erste diese Botschaft erfahren. Hirten, was sind das für Menschen? Armselige Kreaturen allemal: Nie können sie an einem festen Ort bleiben (Nichtseßhafte), kein Heim können sie sich schaffen (Obdachlose), nirgendwo haben sie Heimat (Entwurzelte), das Gesetz, vor allem das des Tempels, können sie nicht einhalten (Ungläubige), ihr Leben lang müssen sie sich mit Tieren befassen (Unreine), und als Diebe und Räuber gelten sie (Zigeuner); nur mit Verachtung und Abscheu kann der fromme Jude ihnen begegnen. Und ausgerechnet sie erfahren als erste von der Geburt des Gottessohnes. Das aber ist bei Lukas nicht zufällig: Wenn er schon recht drastisch auf die Armseligkeit der Geburt verweist, sind es auch die armseligen Hirten, die das am besten begreifen können – der in Windeln gewickelte kleine Jesus in der Krippe ist einer von ihnen. So macht Lukas schon hier die Tragweite und Realität der Menschwerdung Gottes deutlich. Gerade Lukas bringt das auch in weiteren Texten zum Ausdruck, so etwa ganz zu Beginn des öffentlichen Wirkens, als Jesus in der Synagoge von Nazaret aus der Schrift liest (und auf sich deutet: das „Heute" des Engels bei der Verkündigung an die Hirten ist das „Heute", das Jesus diesem Text zuschreibt):

„So kam er auch nach Nazaret, wo er aufgewachsen war, und ging, wie gewohnt, am Sabbat in die Synagoge. Als er aufstand, um aus der Schrift vorzulesen, reichte man ihm das Buch des Propheten Jesaja. Er schlug das Buch auf und fand die Stelle, wo es heißt:

> *Der Geist des Herrn ruht auf mir;*
> *denn der Herr hat mich gesalbt.*
> *Er hat mich gesandt,*
> *damit ich den Armen eine gute Nachricht bringe;*
> *damit ich den Gefangenen die Entlassung verkünde*
> *und den Blinden das Augenlicht;*
> *damit ich die Zerschlagenen in Freiheit setze*
> *und ein Gnadenjahr des Herrn ausrufe.*

Dann schloß er das Buch, gab es dem Synagogendiener und setzte sich. Die Augen aller in der Synagoge waren auf ihn gerichtet. Da begann er, ihnen darzulegen: Heute hat sich das Schriftwort, das ihr eben gehört habt, erfüllt" (Lk 4,16–21).

Den Armen eine gute Nachricht zu bringen – damit läßt sich eigentlich alles zusammenfassen. Später überliefert Lukas ein Gebet Jesu, in dem er gerade dafür Gott dankt:

„In dieser Stunde rief Jesus, vom Heiligen Geist erfüllt, voll Freude aus: Ich preise dich, Vater, Herr des Himmels und der Erde, weil du all das den Weisen und Klugen verborgen, den Unmündigen aber offenbart hast. Ja, Vater, so hat es dir gefallen. Mir ist von

meinem Vater alles übergeben worden; niemand weiß, wer der Sohn ist, nur der Vater, und niemand weiß, wer der Vater ist, nur der Sohn und der, dem es der Sohn offenbaren will" (Lk 10,21–22).

Die Unmündigen, das sind wohl die Armen, Blinden, Kranken, Aussätzigen, Behinderten, Kleinen, Heimatlosen, Abgeschobenen, Ausgestoßenen, Entrechteten, Geschlagenen, Entmündigten, für verrückt Erklärten. Und ist es nicht ein überdeutliches Zeichen, daß Lukas in die Mitte seines Evangeliums das Gleichnis vom verlorenen Sohn (barmherzigen Vater) stellt, das Evangelium im Evangelium, die gute Botschaft schlechthin (Lk 15,11–32)? Da wird doch Gott als der beschrieben, der einerseits dem versagenden, in tiefste Tiefen gesunkenen, heimkehrenden jüngeren Sohn (er war Schweinehirt, das ist eine den Ruch, Hirte zu sein, noch unterschreitende Niedrigkeit), andererseits aber auch dem ebenfalls tief gesunkenen älteren Sohn (er ist nicht mehr fähig, den Bruder Bruder und den Vater Vater zu nennen) entgegenkommt, mit seiner Liebe zuvorkommt.

Vor allem im jüngeren Sohn, dem zum Schweinehirten Verkommenen, kann man die Hirten der Geburtserzählung wiederfinden. Die Gestalt des Vaters – das Gleichnis erinnert zutiefst an die Abba-Anrede Gottes, die Paulus mit dem knappen Bekenntnis zur Menschwerdung Gottes verbindet (Gal 4,4–7).

Am Ende des Lukas-Evangeliums gipfelt diese Tradition in der Zuwendung des tödlich getroffenen, sterbenden Gottessohnes zu jenem Verbrecher, der mit ihm ans Kreuz gehängt wurde: Ihm sagt er ganz konkret das Heil zu (Lk 23,32–43). In der Tat: Er, dieser Jesus Christus, ist der Retter, der Messias, der Herr.

Und noch etwas wird in der „Hirtengeschichte" deutlich: So wie aus der Armseligkeit des Geschehens und der darin vorkommenden Menschen das Kreuz herauswächst, so leuchtet bei alledem auch schon das Licht der Auferstehung durch: Wenn der „Glanz des Herrn" gerade zu den Hirten kommt, wenn die Engel von der Verherrlichung Gottes künden, wenn der verlorene Sohn die unerhoffte Freude des Festmahls erfährt, wenn der Verbrecher seine Bestimmung für das Paradies zugesagt bekommt – dann klingt da die Herrlichkeit der Auferstehung dieses in der kalten, heimatlosen Nacht von Betlehem geborenen, in der kalten, heimatlosen Nacht auf Golgota gestorbenen Jesus Christus als ewig verbleibender Klang mit, uns zur Ermutigung und zum Trost: all das, was da geschehen ist, ist für uns.

So sind nach Lukas Krippe und Kreuz, Weihnacht und Ostern, nicht zu trennen: Ostern ist die Hauptsache, und die Weihnacht erhält erst von daher Licht und Glanz, Sinn und Ziel. Das will Lukas seiner Gemeinde – und uns heute – sagen.

Die Weihnachtsbotschaft nach Matthäus und Johannes

Die Geburt Jesu nach Matthäus

	Mt 1,18–25	?	!	→
18	Mit der Geburt Jesu Christi war es so: Maria, seine Mutter, war mit Josef verlobt; noch bevor sie zusammengekommen waren, zeigte sich, daß sie ein Kind erwartete – durch das Wirken des Heiligen Geistes.			
19	Josef, ihr Mann, der gerecht war und sie nicht bloßstellen wollte, beschloß, sich in aller Stille von ihr zu trennen.			
20	Während er noch darüber nachdachte, erschien ihm ein Engel des Herrn im Traum und sagte: Josef, Sohn Davids, fürchte dich nicht, Maria als deine Frau zu dir zu nehmen; denn das Kind, das sie erwartet, ist vom Heiligen Geist.			
21	Sie wird einen Sohn gebären; ihm sollst du den Namen Jesus geben; denn er wird sein Volk von seinen Sünden erlösen.			
22	Dies alles ist geschehen, damit sich erfüllte, was der Herr durch den Propheten gesagt hat:			
23	Seht, die Jungfrau wird ein Kind empfangen, einen Sohn wird sie gebären, und man wird ihm den Namen Immanuel geben, das heißt übersetzt: Gott ist mit uns.			
24	Als Josef erwachte, tat er, was der Engel des Herrn ihm befohlen hatte, und nahm seine Frau zu sich.			
25	Er erkannte sie aber nicht, bis sie ihren Sohn gebar. Und er gab ihm den Namen Jesus.			

Die Geburt Jesu nach Johannes
(Joh 1,1-18)

1 Im Anfang war das Wort,
und das Wort war bei Gott,
und das Wort war Gott.
2 Im Anfang war es bei Gott.
3 Alles ist durch das Wort geworden,
und ohne das Wort wurde nichts, was geworden ist.
4 In ihm war das Leben,
und das Leben war das Licht der Menschen.
5 Und das Licht leuchtet in der Finsternis,
und die Finsternis hat es nicht erfaßt.

6 Es trat ein Mensch auf, der von Gott gesandt war; sein Name
war Johannes.
7 Er kam als Zeuge, um Zeugnis abzulegen für das Licht, damit
alle durch ihn zum Glauben kommen.
8 Er war nicht selbst das Licht, er sollte nur Zeugnis ablegen für
das Licht.

9 Das wahre Licht, das jeden Menschen erleuchtet,
kam in die Welt.
10 Er war in der Welt,
und die Welt ist durch ihn geworden,
aber die Welt erkannte ihn nicht.
11 Er kam in sein Eigentum,
aber die Seinen nahmen ihn nicht auf.
12 Allen aber, die ihn aufnahmen,
gab er Macht, Kinder Gottes zu werden,
allen, die an seinen Namen glauben,
13 die nicht aus dem Blut,
nicht aus dem Willen des Fleisches,
nicht aus dem Willen des Mannes,
sondern aus Gott geboren sind.
14 UND DAS WORT IST FLEISCH GEWORDEN
UND HAT UNTER UNS GEWOHNT,
UND WIR HABEN SEINE HERRLICHKEIT
GESEHEN,

DIE HERRLICHKEIT DES EINZIGEN SOHNES
VOM VATER,
VOLL GNADE UND WAHRHEIT.

15 Johannes legte Zeugnis für ihn ab und rief: Dieser war es, über den ich gesagt habe: Er, der nach mir kommt, ist mir voraus, weil er vor mir war.

16 Aus seiner Fülle haben wir alle empfangen,
Gnade über Gnade.

17 Denn das Gesetz wurde durch Mose gegeben, die Gnade und die Wahrheit kamen durch Jesus Christus.
18 Niemand hat Gott je gesehen. Der Einzige, der Gott ist und am Herzen des Vaters ruht, er hat Kunde gebracht.

Johannes-Prolog

Wenn der Evangelist Johannes von der „Fleischwerdung" des Gotteswortes und im selben Atemzug von der „Herrlichkeit des einzigen Sohnes vom Vater" schreibt, dann sind die Verbindungslinien zur Krippe deutlich, zu den Windeln einerseits und zum „Glanz des Herrn" andererseits (bei Lukas).

„Und das Wort ist Fleisch geworden und hat unter uns gewohnt ..."

Drastischer als Johannes kann man eigentlich die Menschwerdung Gottes, den Nieder-Gang zum Kreuz-Weg, nicht beschreiben. Der Logos, durch den alles ist und der alles übermächtig voraussetzt, der die Voll-Macht schlechthin ist, wird Fleisch, verderbliche Materie, allem Vergehen und Vergessen ausgeliefert: Die im Philipperbrief angesprochene Erniedrigung (2,5-11), die Hilflosigkeit der Windeln, das Angenageltsein ans Kreuz – all dies tritt deutlich hervor. Auch die unmittelbare Nähe, die Gottes Menschwerdung für uns Menschen bedeutet, ist angesagt: Gott wohnt mitten unter uns, er ist uns ganz nah, er hat seinen Ort bei uns, er hat sein Zelt bei uns aufgeschlagen.

„... und wir haben seine Herrlichkeit gesehen, die Herrlichkeit des einzigen Sohnes vom Vater, voll Gnade und Wahrheit."

Als unaufhebbarer und unversöhnlicher Kontrast steht da der Satzteil: „Wir haben seine Herrlichkeit gesehen." Die dem noch so erbärmlichen Leben durch die Menschwerdung Gottes innewohnende Herrlichkeit Gottes, die Verheißung der Erlösung, ist unabtrennbar mitgesagt.
Die sogenannten „Ich-bin-Worte" Jesu, die der Evangelist Johannes in seiner ihm eigenen Weise niederschreibt, sagen die ganze Tragweite der Menschwerdung Gottes aus, erklären, warum Gott sich herab-ließ, „Fleisch" zu werden, ganz in die menschliche Existenz einzusteigen:

„Ich bin das Brot des Lebens; wer zu mir kommt, wird nie mehr hungern, und wer an mich glaubt, wird nie mehr Durst haben" (Joh 6,35).
„Ich bin das Licht der Welt. Wer mir nachfolgt, wird nicht in der Finsternis umhergehen, sondern wird das Licht des Lebens haben" (Joh 8,12).
„... wenn ihr nicht glaubt, daß Ich es bin, werdet ihr in euren Sünden sterben" (Joh 8,24).
„Ich bin die Tür; wer durch mich hineingeht, wird gerettet werden; er wird ein- und ausgehen und Weide finden" (Joh 10,9).
„Ich bin die Auferstehung und das Leben. Wer an mich glaubt, wird leben, auch wenn er stirbt, und jeder, der lebt und an mich glaubt, wird auf ewig nicht sterben" (Joh 11,25-26).
„Ich bin der Weinstock, ihr seid die Reben. Wer in mir bleibt und in wem ich bleibe, der bringt reiche Frucht... Wer nicht in mir bleibt, wird wie die Rebe weggeworfen, und er verdorrt" (Joh 15,5-6).
„Ich bin es" (vgl. Joh 4,26; 6,20; 8,18.28; 13,13 u.a.).

In der Tat: Er ist der Messias, der Retter, der Herr.

Gott wurde den Menschen gleich

Die Krippe und das Kreuz: geht das zusammen? Ist das nicht ein unüberbrückbarer Gegensatz, wenn man Weihnachten und Karfreitag vergleicht? Ist der Ton nicht völlig verschieden: glücklicher Lobgesang der Engel auf Betlehems Fluren und schmerzvoller, sterbender Schrei des Einsamen und Alleingelassenen am Kreuz? Und doch haben beide Ereignisse vom Wesen her miteinander zu tun. Ja, man darf sogar Weihnachten nicht ohne Kreuz sehen, den Anfang nicht ohne das Ende. Ende? Müssen wir nicht besser vom Anfang des göttlichen Lebens beim Menschen und vom Anfang des menschlichen Lebens bei Gott sprechen?

Der Stall und das Kreuz, das sind keine Gegensätze. Im Stall beginnt das Kreuz, der Weg dorthin, der Kreuzweg. Hätte Gott nicht in einem Palast zur Welt kommen können? Umgeben von Königen und Fürsten, von Engeln und Propheten? Hätte er nicht die Klügsten und Besten der Welt um sich scharen können? Hätte er nicht mit Macht ein neues, dauerndes Weltreich aufbauen können? Hätte er nicht friedlich, in Schönheit und wieder umgeben von den Großen und Mächtigen der Welt, sterben können, gleich sichtbar von Gott als Herr aller Welten wieder dorthin in die Ewigkeit aufgenommen, von wo er kam?

Nein! Gott kam in dunkler Nacht in einem Stall zur Welt, wurde in eine Krippe gelegt, auf Stroh, geboren von einem jüdischen, unscheinbaren Mädchen. Und er verbrachte eine „verborgene" Kindheit in einem abgelegenen Dorf in einer „normalen" kleinen Familie. Er rief arme Fischer, schwache Menschen, als seine Begleiter und Nachfolger zu sich. Und er starb den grausamen Kreuzestod eines Verbrechers – allein, einsam, mit dem schmerzlichen Schrei der Gottverlassenheit.

Weihnachten und Kreuz gehören zusammen: untrennbar. Die Ikonenkunst der Ostkirche stellt die Geburt Jesu so dar: Jesus liegt in einer dunklen Höhle auf einem „Steinaltar", ganz fest umwickelt, einer Mumie ähnlich. Ohne Macht, ganz schwach, unbeweglich liegt der Mächtigste der Welt da, auf einem Altar: das Opfer, das am Kreuz dargebracht wird zu unserer Erlösung, zu unserer Heiligung.

Nichts anderes sagt Paulus in seinem Brief an die Philipper über Christus Jesus:

> *„Er war Gott gleich,*
> *hielt aber nicht daran fest, wie Gott zu sein,*
> *sondern er entäußerte sich*
> *und wurde wie ein Sklave*
> *und den Menschen gleich.*
> *Sein Leben war das eines Menschen;*
> *er erniedrigte sich*
> *und war gehorsam bis zum Tod,*
> *bis zum Tod am Kreuz"*
> (Phil 2,6-8).

Geburt und Tod werden zusammengesehen. Was bei der Geburt Jesu geschieht – Gott wird Mensch –, wird am Kreuz vollendet: Jesus Christus geht hinab in die absoluteste Einsamkeit, die ein Mensch je haben kann, nämlich im Moment des Todes sagen zu müssen: „Mein Gott, warum hast du mich verlassen?" Ganz und gar wird Gott „einer von uns", damit wir „einer von ihm" werden. Und das alles, weil er die Liebe ist.
Diese Liebe Gottes wird für uns in der absoluten Erniedrigung des Stalls und des Kreuzes sichtbar – eine Erniedrigung seiner selbst, „in der Gott immer mehr im Geringen zu verschwinden scheint und gerade so immer mehr als er selbst offenbar wird. Da ist zunächst die Erde, ein Nichts im Kosmos, welches der Punkt des göttlichen Handelns am Kosmos sein soll. Da ist Israel, ein Nichts unter den Mächten, das der Punkt seines Erscheinens in der Welt sein soll. Da ist Nazaret, noch einmal ein Nichts innerhalb Israels, das der Punkt seines definitiven Gekommenseins sein soll. Da ist endlich das Kreuz, an dem einer aufgehängt ist – eine gescheiterte Existenz, und es soll der Punkt sein, an dem man Gott geradezu betasten kann" (Joseph Ratzinger).
Das ist Weihnachten: die Krippe und das Kreuz. Ein Kind ist geboren. Ein Kind, das wie alle Kinder, wie alle Menschen, vom Beginn seiner Existenz an stirbt, zu Ende geht, solange es lebt. Gott hat den Tod nicht abgeschafft, als er Mensch wurde. Er ist im Gegenteil diesen Weg des Sterbens in der bittersten Konsequenz gegangen. Er hat sich von Anfang an auf den Tod, auf das ständige

Sterben, eingelassen und gerade so den Tod endgültig getötet. „An Weihnachten fing der zu sterben an, dessen Sterben die Geburt unseres ewigen Lebens war“ (Karl Rahner).
Das ist Weihnachten. „Einen Menschen lieben, heißt sagen, du wirst ewig leben“ (Gabriel Marcel). Nichts anderes hat Gott den Menschen mit seinem menschgewordenen Wort gesagt. Christus kam in die Welt, damit wir alle das Leben haben und es in Fülle haben.
Das ist Weihnachten. In der Tat: Krippe und Kreuz sind keine Gegensätze. Jedes für sich allein gesehen, das wäre gefährlich; auf der einen Seite bliebe dann nur eine rührselige Illusion, auf der anderen Seite eine trostlose Hoffnungslosigkeit; mit einem allein kann der Mensch nicht leben. Die Dunkelheit, die der Weihnacht und der Osternacht gleich ist, wird aber hell durch Christus. Hell von Liebe und Leben, damit wir uns zurechtfinden und leben können.

Weihnachtsikone

Ikone „Geburt unseres Herrn, Gottes und Erlösers Jesus Christus im Fleische“

Ikonen – das sind jene Bilder (Ikone kommt vom griechischen Wort „eikon“, d. h. „Bild“) der orthodoxen Frömmigkeit und Theologie, die in den Kirchen des Ostens eine entscheidende Bedeutung haben. Nach der dortigen Lehre ist in den Ikonen das dargestellte Ereignis bzw. die dargestellte Person in der ganzen Heilsbedeutung in gewisser Weise gegenwärtig. Das „Bild“ ist begründet mit der „Fleischwerdung“ des Wortes, mit der Menschwerdung Gottes: Das abstrakte, hörbare Wort wird im Bild konkret und sichtbar; Gott kam aus seiner Unbegreiflichkeit, Unsichtbarkeit und Unendlichkeit in die (be-)greifbare, sichtbare, endliche Existenz des Menschen, der zutiefst „Bild“ Gottes ist. Um diese Auffassung entbrannten in den ersten Jahrhunderten wilde Streitereien, die oft in wahre Bilderstürmereien und Zerstörungen ausarteten; den Sieg trugen schließlich die „Bilderfreunde“ davon, als das Ökumenische Konzil von Nizäa im Jahre 787 über die Notwendigkeit der Bilder entschied und eine sehr tiefe Bildertheologie verkündete, ja, gar die Rechtgläubigkeit von ihr abhängig machte; bis heute wird in der ostkirchlichen Liturgie der Erste Fastensonntag als „Sonntag der Ikonen", als „Gedächtnis des Sieges der Rechtgläubigkeit", gefeiert. Die Ikonen genießen in den orthodoxen Kirchen eine tiefe Verehrung; uns Christen im Westen könnte diese Weise des Begreifens und Erfahrens von Heilsgeschichte nur bereichern.

Die Betrachtung der Ikone von der Geburt Christi muß vier „Wurzeln" berücksichtigen: das Evangelium von der Geburt Christi nach Lukas (2,4-20), die östliche Liturgie des Weihnachtsfestes, die dogmatische Lehre von der Geburt Jesu Christi durch die Jungfrau und Gottesmutter Maria und die apokryphen Kindheitserzählungen über Jesus, vor allem das Proto-Evangelium des Jakobus (apokryph, „verborgen", werden die zahlreichen Erzählungen um das Alte und Neue Testament genannt, die im Bereich des Legendären anzusiedeln sind und deshalb nicht zu den offiziellen Schriften der Bibel gezählt werden; im Osten jedoch genossen diese Texte immer große Verehrung; viele Bilder und Weisen des Volksglaubens sind ohne die Apokryphen nicht verstehbar; das Proto-Evangelium des Jakobus entstand wahrscheinlich um das Jahr 150; da kommen die meisten Themen um Maria zu Wort).

In der Mitte der Ikone ist das beherrschende Ereignis dargestellt: Christus ist geboren. In einer Höhle eines Berges liegt ganz eingewickelt in einem Futtertrog das Christuskind, Ochse und Esel schauen über den Rand des Troges, Maria liegt im braunen Gewand – einer Wöchnerin ähnlich – auf einem roten Bettsack, wie er damals auf Reisen mitgenommen wurde; sie ist der Höhle abgewandt, schaut nachdenkend weg: Sie nimmt die Unbegreiflichkeit dieses Geschehens mit ihrem Ja-Wort an. Das Jakobus-Evangelium erzählt: Josef war mit Maria unterwegs nach Betlehem; als der Augenblick der Niederkunft da war, fanden sie Zuflucht in einer Höhle; Josef eilte jedoch weiter, um eine Hebamme zu holen; unterwegs traf er eine Frau, die Hebamme war; beide liefen zur Höhle zurück – da sahen sie eine helle Wolke, die die Höhle einhüllte; als die Wolke sich verzog, erschien ein grelles Licht, das ihre Augen blendete; als auch das Licht verschwunden war, sahen sie das neugeborene Kind, wie es von seiner Mutter gestillt wurde (19,2).

Die Höhle ist ein Bild für den Mutterschoß, und der Berg weist auf Maria: „Freue dich, Maria, Mutter, Jungfrau, heiliger Berg, aus welchem geboren wird Christus Gott", so betet die Ostkirche und bezeichnet in einem Kanon-Text Maria als den „unbehauenen Berg", von dem „abgetrennt wurde der Stein, Christus, der einzige Gott, Jungfrau, ohne die Hand eines Menschen". Zudem steht die Höhle für die Dunkelheit dieser Welt, in die das wahre Licht „von oben" kommt (auf der Ikone als Strahl mit dem Stern in der Mitte dargestellt), Gott, das Licht der Welt. In diesem Sinn ist ja in den Schriften des Alten und Neuen Testaments und in der Liturgie sehr oft vom Licht der Gegenwart Gottes die Rede; auch der Berg als Ort der Gottesoffenbarung, die begleitet von einer verhüllenden Wolke und blendendem Licht geschieht, ist alte Tradition (Gottesoffenbarung auf dem Sinai, Verklärung Christi auf dem Berg).

Christus ist das Licht, die Lichtgestalt, wahrer Gott; seine Existenz ist die Existenz „von oben", da hat er seine unversiegbare Lebensquelle. Aber er wurde von einer Frau unter das Gesetz geboren (Gal 4,4), ganz und gar auch Mensch; so bedarf er notwendig aller Liebe und Sorge der Mutter, der Ernährung mit Muttermilch und der Windeln – warum sonst erwähnt Lukas ausdrücklich die doch eigentlich nicht erwähnenswerten Windeln? Mit seiner Geburt hat Jesus schon den Weg des Kreuzes angetreten: Der Trog, in dem das ganz eingewickelte Christuskind liegt (Zeichen der Ohnmacht und Hilfsbedürftigkeit), hat Verzierungen an den Seiten, die sonst an Sarkophagen zu sehen sind: ein deutlicher Hinweis auf den Opfertod Christi, ja, auf das Grab und die Ohnmacht der Todesnacht, aus dem er als „Lichtgestalt", als neue Sonne ewigen Lebens aufersteht (das Grab Jesu war ja ebenfalls eine solche Höhle, und seine Auferstehung eine neue Geburt zu ewigem Leben).

Ochse und Esel schauen über den Rand des Trogs auf das Christuskind; im apokryphen Pseudo-Matthäus-Evangelium wird im 14. Kapitel erzählt, daß Ochse und Esel Christus anbeteten und sich darin erfüllt habe, was der Prophet Jesaja verkündet hatte: Der Ochse kennt seinen Besitzer und der Esel die Krippe seines Herrn (Jes 1,3). Zudem sei wahr geworden, was der Prophet Habakuk vorhergesagt hatte: Zwischen zwei Tieren wirst du dich offenbaren.

Rings um das zentrale Ereignis der Geburt Christi sind mehrere Szenen angeordnet. Links oben am Bildrand kommen die „Sterndeuter" (Mt 2,1-12) auf Pferden angeritten; nach dem apokryphen armenischen Kindheitsevangelium sind es drei Brüder: Caspar (König von Arabien), Balthasar (König von Indien) und Melquon (König von Persien) – im Neuen Testament werden ja weder die Dreizahl noch die Namen genannt. Ein Engel zeigt ihnen den Weg, indem er sie nochmals auf den Stern verweist, dem sie gefolgt waren (der Stern ist in den Strahl hineingemalt, der vom Himmel in die Höhle der Geburt reicht – sicher eine Erinnerung an die Weissagung des Propheten Bileam, daß aus dem Hause Jakob ein Stern aufgehen wird – Num 24,17 – und dieser Stern Christus ist, der Garant der Jakob gegebenen Verheißung, daß Gott mit ihm sein werde, wohin er auch geht, bis er angekommen ist).

Der ganze obere Teil der Ikone ist von Engeln bevölkert: Die Gruppe der Engel links und ein Engel rechts schauen nach oben, von wo der Lichtstrahl kommt. Die andere Gruppe der Engel rechts verneigt sich mit ehrfurchtsvoll verhüllten Händen, wie es im byzantinischen Hofzeremoniell dem Herrscher gegenüber üblich ist, vor Christus – Hinweis darauf, wo Christus wirklich herkommt („von oben") und daß ihm alle Ehre gebührt, da er Gottes Sohn ist. Ein weiterer Engel ganz rechts sagt das Ereignis der Geburt Christi zwei Männern weiter, wohl Hirten, die in der Ikone unten noch einmal auftauchen. Ein Hirte sitzt daneben auf einem Felsen und spielt Flöte, während seine Tiere unterhalb und neben ihm an den Sträuchern fressen bzw. wohlgeordnet dastehen; die Schafe könnten durchaus ein Hinweis auf die Geduld, Unschuld und den Opfertod des Lammes Gottes, Jesus Christus, sein.

Zwei Szenen sind im unteren Teil der Ikone zu sehen. Rechts unten ist Josef, auf einem Felsen sitzend, dargestellt, nachdenklich seinen Kopf auf seine linke Hand gestützt, die beiden Hirten stehen mit ihren Stäben bei ihm; der Hirte mit dem schwarzen, härenen Gewand wird einmal als der Teufel gedeutet, der Josef verführen will, nicht an das wunderbare Wirken Gottes im Geschehen der geistgewirkten Empfängnis und jungfräulichen Geburt zu glauben. Andere sehen in der schwarzgekleideten Gestalt den Propheten Jesaja, der dem immer noch zweifelnden Josef „alles" erklärt; Jesaja ist ja der alttestamentliche Prophet, der

– nachösterlich gesehen – das ganze Leben Jesu Christi vorhersagt, vor allem die Geburt (Jes 7,14; Mt 1,23 – Jesus Christus als der Immanuel, Gott mit uns) sowie Leiden, Tod und Auferstehung (Gottesknechtslieder, Ankündigung des messianischen Reiches); auch der Baumstumpf, dem Josef den Rücken kehrt und aus dem Neues wächst, kann durchaus auf den Baumstumpf Isais, aus dem ein Sproß wächst (Jes 11,1), als Ankündigung von Geburt, Tod und Auferstehen Christi gedeutet werden.

Links unten ist eine weitere Szene dargestellt, die ihre Wurzeln im apokryphen Jakobus-Evangelium hat: Zwei Hebammen bereiten das erste Bad für den neugeborenen Jesus Christus; es handelt sich dabei wohl um die Hebamme, die Josef – wie schon beschrieben – gefunden hat, zu der sich eine zweite, sogar mit Namen bekannte (Salome) gesellte; beide bekannten – nach anfänglichen starken Zweifeln an der Richtigkeit all der Geschehnisse um Empfängnis und Geburt Jesu Christi und um die andauernde Jungfräulichkeit Mariens – ihren Glauben (nach dem damaligen, in der Bibel verankerten Recht sind zwei Zeugen notwendig, um einen Sachverhalt rechtsgültig zu bestätigen). Von Anfang an also wurde der Glaube an die Jungfräulichkeit Mariens auch nach der Geburt Christi verkündet, von Beginn an mußten aber auch schon Zweifel ausgeräumt werden. Aber noch etwas anderes unterstreicht die Badeszene: Jesus, Gottes Sohn, ist wirklich Mensch geworden. Zudem ist die Badeschüssel nach Art eines Taufbeckens gestaltet; dies weist ohne Zweifel auf die Taufe Christi, die als Herrschaftsantritt am Beginn des öffentlichen Wirkens Christi steht, als die zweite Geburt hin.

Der kleine Hase übrigens, der zwischen diesen beiden, den Zwiespalt und das Hin-und-Her-Gerissensein zwischen Zweifel und Glaube an das Wunder der Menschwerdung Gottes als „typisch" menschliche Haltung zeigenden Szenen sitzt, gilt gerade im Frühchristentum als Symbol für den schwachen Christen, der manchen Zick-Zack-Kurs durchs Leben nimmt, anstatt geradewegs diesem Christus nachzufolgen.

Wenn dieser Hinweis am Ende der Betrachtung der Weihnachtsikone steht, dann mit Absicht: Die Ikone zeigt in tiefer Frömmigkeit und festem Glauben das Geheimnis der Geburt Christi – Gott ist gekommen und hat sich endgültig und unwiderruflich als der „Gott mit uns" geoffenbart; er ist einer von uns geworden, in die

Niederungen menschlicher Existenz hinabgestiegen, er hat am Kreuz sein Leben für uns gegeben. Gott aber hat ihn auferweckt und damit uns Weg und Ziel unseres Lebens gleichermaßen gezeigt; Christus lebt jetzt bei Gott, aber zugleich bei uns, da er für immer „Gott mit uns" ist. Er fordert unsere Entscheidung – zu gläubigem Ja oder zu zweifelndem Nein. Was aber anderes kann uns retten, als daß wir uns mit dem ganzen „Ja" unserer Existenz zu Christus bekennen, mit allen Fasern unseres Seins ihm folgen, mit Leib und Seele in seine Fußstapfen treten?

Mensch – Wort und Antwort

Zu Beginn seines Evangeliums schildert Johannes das Geheimnis der Menschwerdung Gottes und seine Bedeutung für die Menschen im Bild des „Wortes", das „Fleisch" wird.

„*... das Wort ist Fleisch geworden und hat unter uns gewohnt ...*" (Joh 1,14a).

I.

Das Wort wird Fleisch; das Wort schlechthin ist Gott; Gott spricht sein Wort zu den Menschen, er spricht sich selbst, er gibt sich selbst. Daher ist das Wort nicht abstrakt, inhalts- und bedeutungslos. Es ist nicht gewissermaßen in einen luftleeren Raum gestellt. Es ist vielmehr ganz konkret in die Geschichte der Menschen hineingesprochen. Es ist so gesprochen, daß es „unter uns wohnt". Es ist einer von uns geworden, Fleisch, Mensch, sichtbar, greifbar. Das Wort Gottes ist sein Sohn Jesus Christus, der Mensch wurde: Ihn hat Gott in die so beschaffene Welt und in eine bestimmte Menschheitsgeschichte hineingesprochen. Mit ihm hat Gott von seiner Göttlichkeit an den Menschen abgegeben, er hat sich selbst gegeben, ohne etwas zu verlieren; indem er durch und in seinem Sohn Menschennatur angenommen hat, hat er den Menschen schlechthin angenommen, so wie er ist, als „Fleisch", mit allen Möglichkeiten des Verderbens und Faulens. Durch die

Menschwerdung seines Sohnes hat Gott die Würde des Menschens, seine Gottebenbildlichkeit – nach seinem Bild hat Gott den Menschen geschaffen –, erneuert: Gott wurde einer von uns, damit wir „einer von ihm" werden.

II.

Jedes Wort verlangt ein(e) Ant-Wort; wenn auch der Mensch im Angesicht des großartigen und gnadenhaften Wortes Gottes zunächst ganz stumm wird, so muß er doch einmal seinen Mund zu einer Ant-Wort öffnen; und nicht nur seinen Mund, sondern seine ganze Person, sein Wesen, seine Mitte, weil ja ein Wort vor ihm steht, das eine Person ist, das die Mitte schlechthin ist, Gott. Zur wesenhaften Begegnung zweier Personen müssen sich beide einander total öffnen: Gott hat sich total geöffnet, er wurde Mensch.

Wie sieht unsere Antwort aus?

- Weil das Wort ganz konkret in die Menschheitsgeschichte hineingesprochen wurde, muß auch die Ant-Wort ganz konkret in die Menschheitsgeschichte hineingesprochen werden, und zwar jeweils neu, da die Menschheitsgeschichte einem ewigen Wandel unterliegt und heute nicht dieselbe ist wie gestern oder morgen.
- Weil das Wort Gottes Mensch wurde, muß auch die Ant-Wort des angesprochenen Menschen Mensch werden.
- Weil das Wort Gottes „unter uns wohnte" und wohnt, muß sich die menschwerdende Ant-Wort auf die Menschen richten, unter denen wir wohnen: in der Ehe, in der Familie, am Arbeitsplatz, im Haus, in der Stadt, im Land, in der Welt...

III.

Von Anbeginn ist alles auf das Wesentliche der Botschaft Christi gerichtet, auf die Gottes- und Nächstenliebe: Wir sollen uns dem Menschen neben uns zuwenden und so unsere Ant-Wort auf das Wort Gottes geben; weil diese Menschenliebe die Antwort auf Gottes Wort ist, ist sie begründet in der Gottesliebe, fern von jeder humanistischen Schwärmerei.

An unserer menschwerdenden Antwort auf das menschgewordene Wort Gottes entscheidet sich unser ewiges Leben bei Gott: Wenn wir diese Antwort geben im Sinne von „Was ihr für einen meiner geringsten Brüder tut, das tut ihr mir“ (Mt 25,40), dann wird das letzte und endgültig heilsentscheidende Wort an uns ergehen: „Kommt her, die ihr von meinem Vater gesegnet seid, nehmt das Reich in Besitz, das seit der Erschaffung der Welt für euch bestimmt ist“ (Mt 25,34).

Mit Symbolen auf Weihnachten vorbereiten

Der Adventskranz erzählt von der Hoffnung

Das bekannteste Zeichen der Adventszeit ist wohl der Adventskranz aus Tannenzweigen, mit vier Kerzen versehen, die jeweils an den vier Sonntagen im Advent nacheinander angezündet werden, bis am letzten Sonntag und am Weihnachtsfest alle vier Kerzen zusammen brennen. Der Adventskranz erzählt von der Hoffnung der Menschen, vom Grund dieser Hoffnung und von der Konsequenz.

Da ist einmal die Form: ein Kranz, ein Kreis. Oft im Jahres- und Lebenslauf begegnen wir diesem Zeichen. So werden vorwiegend in ländlichen Gegenden zum Erntedankfest Kränze mit Blumen, Getreide und Ästen geflochten und mit Obst und Früchten geschmückt. Sie wollen zeigen, daß nach oft harter Arbeit das Jahr hindurch jetzt, mit Gottes Hilfe, die Ernte eingebracht, die Arbeit vollendet ist – ein Grund zu Feier und Freude. Auch bei manchen Sportarten wird heute noch nach dem Wettkampf dem Sieger ein Kranz umgehängt, in der Antike war ein Kranz aus Lorbeer- oder Olivenzweigen das Zeichen des Sieges. Am sinnfälligsten ist wohl der Kranz beim Begräbnis und Totengedenken; dabei bedeutet er keineswegs Trauer, sondern Sieg und Hoffnung: der Tod ist nicht das Ende, sondern der Anfang des Lebens, das Jesus Christus ein für allemal für uns Menschen durch seinen Tod und seine Auferstehung eröffnet hat.

Der Ring als Zeichen sagt schließlich: Hier versprechen zwei Menschen einander Liebe und Treue, die dauert, bis der Tod diesem Leben ein Ende setzt; diese Liebe und Treue wiederum sind Abbild der Liebe und Treue Gottes uns Menschen gegenüber, die kein Ende kennt, die gar über den Tod hinausreicht und uns in Gottes Leben hineinholt. Der Ring hat – erkennbar – weder

Anfang noch Ende, er steht also für Dauer, Ewigkeit. Dies wiederum ist Abbild der Treue Gottes zu uns Menschen.

Kranz, Ring, Kreis sind Zeichen für Kreislauf und Vollendung, für Ankunft und Hoffnung, für Kampf und Sieg. Das genau sagt auch der Adventskranz: Wir gehen durch unser Leben, wir laufen um unser Leben, all unser Tun und Sein ist eingespannt in die Pole von Gelingen und Mißlingen, ist immer bedroht und gefährdet, birgt aber auch gleichzeitig die Chance geglückten Lebens in sich. Unterwegs sind wir, vom Kreislauf in uns, in der Natur, im gesamten Leben abhängig. Vor uns aber steht das Ziel, an dem wir ankommen, wenn Gott unser Leben vollendet. Einer ist uns vorangegangen: Jesus Christus, in dessen Fußstapfen wir nur treten müssen, um den rechten Weg zu finden. Jesus Christus, Sohn Gottes, für uns Mensch geworden und am Kreuz gestorben, in der Auferstehung bei Gott angekommen und dennoch mitten unter uns gegenwärtig – er ist der Garant dafür, daß Gott uns begleitet, mit seiner Treue zu uns steht; Jesus Christus ist das greifbare und unwiderrufliche Ja-Wort Gottes zu uns. Kranz, Kreis, Ring sagen uns, daß unser Leben nicht ins Leere läuft, nicht einfach zu Ende geht, sondern bei Gott ankommt, in ihm und durch ihn vollendet wird.

Das Material, aus dem der Adventskranz ist, unterstreicht noch die Aussage seiner Form: Die Zweige stammen vom immergrünen Tannenbaum – Zeichen für dauerhaftes, erfülltes Leben voller Hoffnung und Lebenskraft. Aber auch das erleben wir am Adventskranz. Abgeschnitten vom Baumstamm, getrennt von der Wurzel, losgelöst von der Bindung an den Mutterboden, verdorren, „sterben" die Zweige und müssen am Ende weggeworfen werden. Bei aller Hoffnung, die der Adventskranz ausdrückt, steht doch auch die Mahnung in der Mitte des Advents: Haltet die Verbindung mit Gott, geht immer ihm nach und nach ihm, behaltet ihn im Blick, nur in ihm verwurzelt könnt ihr leben, Frucht bringen und überleben. Auch die liturgischen Texte der Adventszeit künden von dieser Spannung zwischen Zusage und Ermahnung, Hoffnung und Erfüllung, Gabe und Aufgabe. Denn Advent heißt nicht nur Warten auf die Ankunft Jesu an Weihnachten, auf das Fest seiner Geburt, sondern auch Erwarten seiner endgültigen Wiederkunft.

Baum: Zeichen des Glaubens

In der Weihnachtszeit sind sie viel gefragt: Tannenbäume in allen Größen und Arten werden erstanden, um am Geburtsfest Christi als Weihnachtsbäume – fein geschmückt – in den Wohnzimmern zu stehen; ein alter Brauch ist dies, der erstmals um das Jahr 1500 im Elsaß und im Schwarzwald auftrat, dann vor allem bei den evangelischen Christen (durch Martin Luther angestoßen) rasche Verbreitung fand; Ende des 19. Jahrhunderts kam der Weihnachtsbaum auch in den katholischen Bereich. Der Baum aber ist ein uraltes, vorchristliches Symbol: Der immergrüne Baum galt als Wohnung der Götter und damit als Quelle von Leben, Fruchtbarkeit und Wachstum.

Was aber kann uns der Weihnachtsbaum als Zeichen sagen? Der Baum wächst aus kleinen, zarten Sprößlingen zum Baum mit starkem, mächtigem Stamm, von der Erde erhebt er sich hinauf, der Sonne, dem Himmel entgegen. Seine Wurzeln treibt der Baum in die Erde; wenn er fest in der Erde verwurzelt ist, kann er wachsen, Früchte bringen, Sturm und Unwetter standhalten.

Das Wort „verwurzeln" ist bei der Bedeutung des Baumes als christliches Symbol das Schlüsselwort: Das am häufigsten gebrauchte Wort im Alten Testament für „glauben" heißt (umschrieben): sein Leben in Gott verwurzeln. Und das sagt ja sehr viel über Christsein und den Grund unseres Christseins aus: über Jesus Christus.

Jesus Christus hat sein Leben einzigartig und zutiefst in Gott verwurzelt, ja, er hat mit Gott die Wurzel gemeinsam, er kommt aus Gott und bleibt eins mit ihm. Aus seiner einmaligen Verbindung mit Gott konnte er sein Heilswerk für uns tun, sein Leben durch sein Lieben, Leiden und Sterben in die Auferstehung, in das ewige Leben hinein vollenden – und diesen Weg auch für uns bereiten. Weil er tiefe Wurzeln in Gott hat, bringt er reiche Frucht, Leben in Hülle und Fülle, konnte er in das Leben Gottes hineinwachsen und dieses Wachstum auch uns schenken.

Christsein muß, wenn es ehrlich und wirklich gelebt wird, von ebensolcher Qualität sein, also ganz und gar verwurzelt in Gott. Jesus Christus sagt dies im Gleichnis vom Weinstock und den Rebzweigen (Joh 15): Die Rebzweige können nur wachsen und Früchte bringen, wenn sie mit dem Weinstock verbunden sind, der seine Wurzeln wiederum in der Erde hat; so können wir Christen nur leben, wenn wir ganz eng mit Christus verbunden, mit ihm in Gott verwurzelt sind, in enger Lebensgemeinschaft mit ihm stehen; nur so können wir leben und gut leben, sinnvoll und dauerhaft. Wir – in Gott verwurzelt, aus ihm unsere ganze Lebenskraft schöpfend – können dann alle Stürme des Lebens bestehen, alle Gefährdungen und Versuchungen, die uns von unserer Wurzel und damit vom Leben abschneiden wollen, durchhalten; wir sind dann kräftig genug, allen Entwurzelungen zu widerstehen. Wir leben, wachsen, tragen gute Früchte; wir verwirklichen uns immer mehr als Menschen, die nach Gottes Bild geschaffen sind, als Christen, die Jesus Christus nachfolgen und dies im konkreten Alltag verwirklichen. Wir treiben unsere Lebenswurzeln tiefer und tiefer in Gott hinein und wachsen mehr und mehr der Sonne, dem Himmel und damit dem ewigen Leben bei Gott entgegen.

Daß der Weihnachtsbaum eine immergrüne Tanne ist, unterstreicht die Bedeutung der Lebensfülle, des Hineinwachsens in das ewige Leben. Der Brauch des Barbarazweiges hat wohl dieselbe Bedeutung: Aus den scheinbar toten Zweigen sprießen am Weihnachtstag Blüten und Blätter: Leben, das aus dem Tod aufersteht.

Das Schmücken des Tannenbaumes zu Weihnachten zeigt dies noch einmal: Das Leben, das uns durch Menschwerdung, durch Leben, Sterben und Auferstehung Jesu Christi eröffnet wurde, ist reich, herrlich, himmlisch, paradiesisch. Das „Plündern“ des Weihnachtsbaumes sagt nichts anderes, als daß wir jetzt schon Anteil haben an diesem Leben, das uns erwartet, daß wir dieses Leben jetzt schon kosten können.

Wenn Weihnachten vorbei ist, ist es auch mit dem Tannenbaum aus: Die Nadeln fallen, er wird weggeworfen – so geht es, wenn die Verbindung der Wurzel fehlt. Dies sollten wir als Ermahnung annehmen: Achtet auf das Kind in der Krippe, folgt ihm nach, behaltet Jesus Christus im Blick, bewahrt eure Wurzeln in Gott.

Der Baum also zeigt Unheils- und Heilsgeschichte: Der Mensch hat sich vom Paradiesesbaum abgetrennt und damit auch von Gott weit entfernt; im Sterben Jesu Christi am Kreuzesbaum und in seiner Auferweckung hat Gott diese Entfernung aufgehoben, indem er den Kreuzesbaum zum immergrünen Lebensbaum für uns werden ließ. Auch im Zeichen des Weihnachts- oder Christbaumes also sind Krippe und Kreuz verbunden.

Kerze: Zeichen christlicher Existenz

Ein besonders sinnfälliges Zeichen in der Advents- und Weihnachtszeit (und darüber hinaus, vor allem in der Osterzeit) ist die Kerze: Sie weist in einzigartiger Weise auf Jesus Christus, unser Christsein und die Verbindung zwischen beiden. Wie entsteht eine Kerze, wie brennt sie und warum? Die Antworten auf diese Fragen öffnen uns den Blick in den Sinn dieses Zeichens.

Wie entsteht eine Kerze? Sie ist das Produkt der Gestaltung natürlicher Stoffe durch die Idee und die Hand des Menschen. Der Grundstoff der Kerze ist Wachs – entstanden durch den Fleiß der Bienen oder durch chemische Verbindungen vorhandener Naturstoffe hergestellt. Die Entdeckung des Menschen war es, diesen Stoff zum Brennen zu bringen; so entstand die Kerze aus Wachs, mit einem Docht in der Mitte, der gewissermaßen der „rote Faden" des Feuers durch die Kerze ist. Vorhandene Schöpfung und ihre menschliche Nutzung also: Zeichen dafür, daß der Mensch von Beginn an an der Schöpferkraft Gottes teilhat, von Anfang an dazu berufen ist, sich die Erde und die in ihr liegenden Gesetze und Kräfte zu eigen zu machen, die Erde zu nutzen, für sich und für andere.

Die Kerze brennt, indem sie den Stoff, aus dem sie der Mensch herstellte, verbrennt, anders gesagt: indem sie sich verzehrt. Und sie brennt nur, wenn sie angesteckt, entzündet wird. Damit weist die Kerze zunächst einmal auf Jesus Christus: Seine Menschwerdung war der Beginn eines solchen Sich-Verzehrens, Sich-Hingebens – die Bibel spricht von Erniedrigung, von Entleerung (Phil

2,6–11); sein ganzes Leben war davon bestimmt, und erst recht sein Sterben: Er gab sich selbst hin; bis sein Lebenslicht verlöschte, brannte sein Leben in der Liebe zu Gott und zu uns Menschen; das Feuer seiner Liebe war erst erloschen, als der letzte Lebenstropfen verzehrt war. Christus sagte von sich, er sei das Licht der Welt. Wenn auch am Kreuz sein Lebenslicht verlöschte, so brennt es dennoch weiter – ähnlich wie der Dornbusch bei Mose brannte und doch nicht verbrannte; in ihm offenbarte sich ja Gott als Jahwe, als „Ich-bin-der-ich-bin", als „Immanuel", als der Gott, der mit den Menschen ist, bei ihnen bleibt und immer für sie eintritt. Genau diese Offenbarung erfüllte sich in einzigartiger und unüberbietbarer Weise im Leben, Sterben und Auferstehen Jesu Christi.

Er ist das Licht der Welt, indem er als die ewige Sonne des Ostermorgens immer scheint und jede Nacht des Lebens hell macht, weil er ganz in der Liebe zu Gott und zu uns Menschen „verging". Er konnte nur so sein, weil er ganz in Gott war, ganz in Gott aufging: Letztlich hatte Gott in ihm das Feuer dieser Liebe entzündet, hatte Gott ihn „angesteckt" mit seinem Leben und seiner Liebe.

Das genau zeigt die Antwort auf die Frage, warum eine Kerze brennt: Sie hat allein für sich, in sich, keinen Sinn. Sinnvoll ist sie nur, weil und wenn sie brennt, damit es hell wird. Und diese Helle wieder hat keinen Sinn, wenn nicht Menschen dadurch besser sehen, klarer denken, wärmer leben können. So ist das Leben Christi eine reine „Pro-Existenz", ein „Für-Sein"; er ist der Mensch für andere, Gott ganz für uns. Christsein aber ist „Christus-Sein"; deshalb gelten für wirkliches Christsein dieselben Gründe, Grundlagen, Gaben und Aufgaben, Maßstäbe und Richtlinien, gilt derselbe rote Faden.

So weist uns die Kerze auf den Sinn unseres Daseins und die Maßstäbe unseres Christseins hin: Wir nämlich sind Licht der Welt, wenn wir so leben wie Christus, indem wir ihn verkörpern, Gott durch unser Leben greifbare Wirklichkeit werden lassen, indem wir – selbst ganz und gar angenommen – für andere sind, für andere eintreten, Zeiten unseres Lebens, Teile unserer Existenz, unser Leben und unsere Liebe anderen geben. Und dies tun wir nicht aus eigener Kraft, sondern angesteckt, entzündet durch die Liebe Gottes, belebt von seinem Geist, begeistert von Jesus Christus.

Vier Kerzen brennen am Ende der Adventszeit, vor und am Weihnachtsfest selbst, auf dem Adventskranz. Sie sind ein Zeichen dafür, daß Christus sein Licht ein für allemal in dieser Welt und in uns Menschen angezündet hat. Dieses Licht müssen wir am Brennen halten, indem wir so leben wie Christus – was immer das im konkreten Alltag bedeutet, muß jeder einzelne im Licht Christi entdecken –, indem wir Licht der Welt sind. Daß im Advent jeden Sonntag eine Kerze mehr brennt, zeigt, daß die Welt immer heller wird, je mehr Menschen wir mit unserm Christsein anstecken. Alle vier Kerzen auf dem Adventskranz sind Zeichen der Erfüllung der Zeit, der Vollendung unseres Lebens, der endgültigen Erhellung der Welt: Dann, wenn das Licht der Welt – Jesus Christus –, vereint mit allen Lichtern der Welt – wir Christen –, als Licht Gottes ein für allemal, unauslöschlich, endgültig aufgeht über allen Menschen und alle Welt.

Vom gleichen Verfasser

Auf Ostern vorbereiten

Werkbuch für Bildungsarbeit und Glaubensunterweisung

Gebrauchsfertig aufbereitetes, erprobtes Material über die Mitte und den Grund unseres christlichen Glaubens, vielfältig einsetzbar in Seminaren, Einzelabenden, Wochenenden, Besinnungstagen, Exerzitien, Predigt, Katechese und Religionsunterricht.

128 Seiten, kartoniert

Wurzeln in Gott

Der Glaube als Lebensgrund – Ein Bibelseminar

Praxisorientierte Handreichungen über die Grund-Hoffnung des Menschen und die Wiederentdeckung des Glaubens. Die Kurzkapitel können geschlossen als Glaubensseminar von 3–6 Einheiten oder als Einzelbausteine (Einkehr- und Besinnungstage, Glaubensgespräch, Religionsstunde, Predigt, jugendpastorale Diskussionsrunde u. a.) verwendet werden.

116 Seiten, kartoniert

Gottes Wort verstehen lernen

Bibelarbeit in Gemeinde und Katechese

Einführend zeigt der Autor die fundamentale Bedeutung der Bibelarbeit in Erwachsenenbildung und Gemeindekatechese auf. Der Hauptteil bringt ein Seminar-Modell mit sechs fertig ausgearbeiteten, praxiserprobten Einheiten zur Einführung in das Bibelverständnis und in einige wichtige Textformen des NT.

104 Seiten, kartoniert

Ernst Gutting/Klaus Haarlammert

Sünde und Tod

Die Antwort, die noch keiner gab

Das Buch lädt zur persönlichen Auseinandersetzung mit den menschlichen Grundproblemen des Leben-Wollens und des Sterben-Müssens, des Gut-sein-Wollens und des Sündigen-„Müssens“ ein. Darüber hinaus eignet es sich durch seine in der konkreten Seelsorge erprobten Modelle als praktischer Ratgeber für Erwachsenenbildung, Gemeindekatechese, Jugendarbeit und Religionsunterricht.

68 Seiten, kartoniert

im Don Bosco Verlag